情報公開
ナビゲーター

消費者・市民のための
情報公開利用の手引き

日本弁護士連合会
消費者問題対策委員会
編

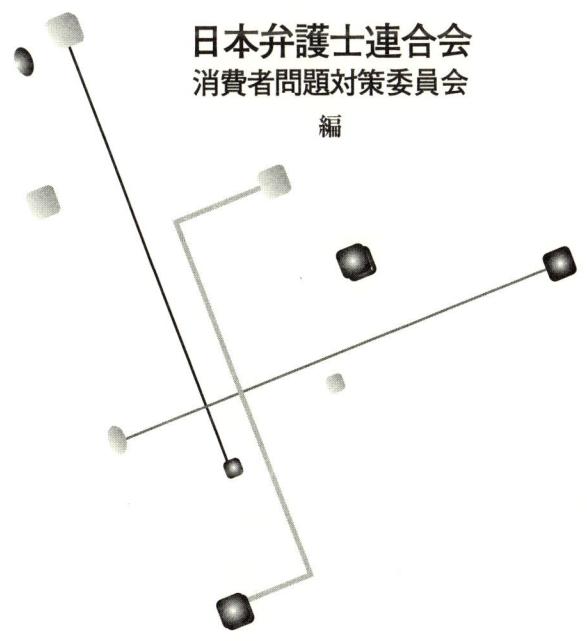

花伝社

刊行によせて

日本弁護士連合会会長　久保井一匡

　2001年4月、いよいよ情報公開法が施行されます。21世紀の幕開けにあたり、真の民主主義を実現するために必要不可欠な情報公開が市民の権利として制度化されたことは、大変大きな意義を有しています。

　21世紀の市民社会、それは、一人ひとりの市民の人権があらゆる侵害から守られる社会でなければなりません。そうした社会を確立するためには、市民自らが必要な情報を与えられ、情報を持った市民の主体的な参加と決定によって政治が動かされていくことが必要です。

　日本弁護士連合会消費者問題対策委員会では、1995年より、日本の情報公開の現状を調査するとともに、2度にわたりアメリカ合衆国の情報自由法の活用実態調査を行い、報告書を出版してきました。また、こうした調査結果に基づき、日本においていかなる情報公開法と情報公開制度が必要かを提言してきました。

　本書は、そうした活動の集大成として、日本に誕生した情報公開法やその他の情報公開制度を市民のみなさんに十二分に活用していただきたいという思いから、情報公開の「ナビゲーター」……案内人として企画されたものです。

　市民に大きな力を与え日本の政治を180度転換させうる情報公開制度も、活用されなければ本来の意義を失ってしまいます。

　ラルフ・ネーダー氏は、「情報公開請求は市民が民主主義を実践するために身につけるべき技術の1つである」とし、学生に情報公開請求を経験させる教育を行っておられます。

　日本でも、市民のみなさんが本書を活用し、日常生活の中で気軽に情報公開を求めていっていただくよう希望します。

2001年3月

情報公開ナビゲーター
——消費者・市民のための情報公開利用の手引き——

目次

刊行によせて　日本弁護士連合会会長　久保井一匡　1

第1章　情報公開法はあらゆる分野における市民の武器　7
　〔1〕　はじめに・・・　7
　〔2〕　消費者の権利実現のためにも情報公開法の活用が不可欠・・・・・・　7
　〔3〕　環境問題の解決も情報公開から・・・・・・・・・・・・・・・・・・・・・・・・・・　9
　〔4〕　情報公開請求は日常生活の一部・・・・・・・・・・・・・・・・・・・・・・・・　10

第2章　情報公開法の使い方　11
　〔1〕　情報公開法利用の心得・・・・・・・・・・・・・・・・・・・・・・・・・・・・・・・・　11
　〔2〕　情報の探し方・・　12
　〔3〕　請求の仕方・・　14
　〔4〕　開示された情報の閲覧、複写の方法・・・・・・・・・・・・・・・・・・・・　16
　〔5〕　手数料の額・・　19
　〔6〕　不開示決定の通知と理由の付記・・・・・・・・・・・・・・・・・・・・・・・・　20
　〔7〕　不開示決定の争い方　——不服申立か裁判か——・・・・・・・・・・・　22
　〔8〕　不服審査の申立とその後の手続・・・・・・・・・・・・・・・・・・・・・・・・　25
　〔9〕　情報公開訴訟の提起とその後の手続・・・・・・・・・・・・・・・・・・・・　29
　〔10〕　どんどん活用することが情報公開法を進化させる・・・・・・・・・・　35

第3章　その他の情報公開制度の紹介　37
　〔1〕　情報公開条例・・　37
　〔2〕　製品のリコール情報・・・・・・・・・・・・・・・・・・・・・・・・・・・・・・・・・・　38
　〔3〕　経済産業省の事故情報収集制度・・・・・・・・・・・・・・・・・・・・・・・・　39
　〔4〕　国民生活センター・・・・・・・・・・・・・・・・・・・・・・・・・・・・・・・・・・・・　40
　〔5〕　ＰＲＴＲ（環境汚染物質排出・移動登録制度）・・・・・・・・・・・・　42
　〔6〕　民事訴訟法における情報収集制度・・・・・・・・・・・・・・・・・・・・・・　44
　〔7〕　審議会情報・・　51

第4章　アメリカの情報自由法の利用の仕方　53
　〔1〕　アメリカの情報公開制度に学ぶ・・・・・・・・・・・・・・53
　〔2〕　アメリカの情報自由法とは何か？・・・・・・・・・・・・54
　〔3〕　ＦＯＩＡ利用の手引き・・・・・・・・・・・・・・・・・・60
　〔4〕　ＦＯＩＡによって公開された情報の具体例・・・・・・・・67

第5章　生活情報Ｑ＆Ａ　69
　〔1〕　環境問題情報・・・・・・・・・・・・・・・・・・・・・・69
　　　　①地球温暖化・気候変動の情報　②ダイオキシン情報
　〔2〕　原子力発電情報・・・・・・・・・・・・・・・・・・・・・72
　〔3〕　医療問題情報・・・・・・・・・・・・・・・・・・・・・・74
　　　　①カルテ開示　②レセプト開示　③薬の副作用情報
　〔4〕　製品安全情報・・・・・・・・・・・・・・・・・・・・・・78
　　　　①同種事故の情報　②遺伝子組み換え食品に関する情報
　　　　③シックハウスと化学物質過敏症に関する情報　④欠陥住宅情報
　〔5〕　取引被害情報・・・・・・・・・・・・・・・・・・・・・・85
　　　　①日常の取引に関する苦情や被害の情報　②公正取引委員会の情報の入手方法
　　　　③金融商品や金融取引に関する情報
　〔6〕　子ども・教育関係情報・・・・・・・・・・・・・・・・・91
　　　　①教師の体罰・子どものいじめに関する情報　②内申書に関する情報
　〔7〕　高齢者福祉・介護サービス情報・・・・・・・・・・・・・93
　〔8〕　行政監視情報・・・・・・・・・・・・・・・・・・・・・94
　　　　①県・市の公共工事の入札情報公開　②カラ出張・観光目的の視察旅行

第6章　情報公開の実務、判例の現状と課題　97
　〔1〕　健康茶事件・・・・・・・・・・・・・・・・・・・・・・・97
　〔2〕　安威川ダム地質調査報告書公開請求事件判決・・・・・・・98
　〔3〕　日の出町廃棄物処分場事件・・・・・・・・・・・・・・・100
　〔4〕　民事訴訟における刑事事件記録の活用──文書送付嘱託──・・102
　〔5〕　住友化学に対する文書提出命令・・・・・・・・・・・・・104

〔6〕 食糧費の情報公開の実務と判例の整理 ・・・・・・・・・・・・・ 105

第7章 コンメンタール情報公開法　109

あとがき　125
執筆者・編集者一覧　127

資料編

　資料1　新府省一覧・・・・・・・・・・・・・・・・・・・・・・・　130
　資料2　情報公開マップ・・・・・・・・・・・・・・・・・・・・・　132
　　　　　　■情報全般 ■消費者問題全般 ■製品安全 ■住宅関連 ■健康・食品
　　　　　　■医療・医薬品 ■取引被害 ■原子力 ■環境 ■行政監視 ■その他
　資料3　行政機関の保有する情報の公開に関する法律　・・・・・・・　151
　資料4　行政機関の保有する情報の公開に関する法律施行令（抄）・・・　165

第1章　情報公開法はあらゆる分野における市民の武器

〔1〕　はじめに

　1999年5月14日、待望の情報公開法がわが国にも誕生しました。アメリカで情報自由法が誕生したのが1966年のことですから、遅れること33年。日本の行政がようやくにしてその重い扉を開こうとしています。

　情報公開といえば、まず思い浮かぶのは行政の監視ではないでしょうか。日本でも、地方自治体の情報公開条例の活用によって市民が税金の使途をチェックする活動が盛んに行われ、「官官接待」という言葉が流行語にまでなりました。行政情報の公開、それは市民による行政の監視を実現するための不可欠の道具であり、行政の透明化を進め、見せかけではない真の民主主義を発展させるために、情報公開制度を活用する市民の存在が重要であることはいうまでもありません。

〔2〕　消費者の権利実現のためにも情報公開法の活用が不可欠

　しかし、情報公開が市民にもたらすもの、それは行政監視による民主主義の実現だけではありません。大量生産、大量消費の現代社会において、消費者は気づかないうちに思いもかけないさまざまな消費者被害に遭遇する危険にさらされています。こうした被害から消費者が身を守るためにも、情報公開法は威力を発揮するのです。

安全なくらしと情報公開

　生命あるいは健康に危害を及ぼすような製品から守られることは、消費者にとって最も基本的な権利です。しかし、私たちは、十分な製品情報を与えられないまま危険な製品を使用させられた結果が生命にかかわる悲惨な被害の発生につながることを「薬害エイズ」事件から学びました。

　では、安全な消費者の生活を確保するために、情報公開法をどう活用することができるのでしょうか。

　例えば、あなたが現在使用している製品の安全性に疑問を感じたとき、その製品の成分や安全性のテスト結果、さらにはその製品についてこれまでにどんな事故が発生しているかを知ることができれば、あなたは事故を未然に防ぐことができるでしょう。情報公開の先進国であるアメリカでは、ＦＤＡ（食品医薬品局）やＣＰＳＣ（消費者製品安全局）に対して年間約４万1000件を超える情報公開請求がなされ（1999年度の件数）、健康に危険を及ぼす可能性のある薬品について認可の差止めを求める活動等が市民グループによって行なわれています。

　日本でも、薬の副作用、健康食品による健康被害、食品の残留農薬や遺伝子組み換え食品、製品の欠陥や誤使用による事故などに関する情報は、国の行政機関によって収集されています。しかし、「薬害エイズ」事件が示すように、こうした国の行政機関が集めた情報は、一部の情報を除いて一般の消費者にはこれまでほとんど公表されておらず、消費者が公開を要求しても認められないケースが多かったのです。情報公開法は、こうした情報の公開を、「市民の権利」として認めた画期的な法律です。

取引被害の防止と情報公開

　消費者取引の分野をみても、詐欺的な宣伝広告や消費者の判断を誤らせるような情報の氾濫の中で、多くの消費者が不必要な物を購入させられたり、品質の伴わない製品や中身の伴わないサービスに高額のお金を支払わされるという被害に日常的に遭遇しています。「豊田商事事件」「ココ山岡事件」「和牛商法事件」などの大量消費者被害事件が後を絶たないことは、こうした取引被害が社会構造的に発生していることの現れでしょう。全国各地の消費者

センターに消費者から寄せられた消費生活相談は国民生活センターで集約されていますが、消費者取引にかかる相談件数は1999年度には1年で37万件を超えています。

　こうした消費者被害の発生を未然に防止するには、消費者が取引の相手方や内容に関する情報、さらには実際に発生している取引被害の情報を持つことが何よりも大切です。儲け話があるが本当に大丈夫だろうかと思ったとき、こんな商品を買って本当に価値があるのだろうかと迷ったとき、国の行政機関が持つ取引内容に関する情報や取引被害情報が公開されれば、あなたは被害に遭わずにすむでしょう。また、一人ひとりの消費者がこうして情報公開を求めていくことによって、構造的な取引被害は減少していくでしょう。

　アメリカのケネディー大統領は、1962年3月に連邦議会に送った「消費者の利益保護に関する特別教書」の中で、消費者の4つの権利を述べています。その1つとして「詐欺的、欺瞞的もしくは消費者をひどく誤らせるような情報、宣伝広告、表示などから保護され、賢明な選択をするための事実が知らされる権利」を挙げています。私たちは、日常の生活の中で情報公開法を活用して、賢明な選択をするための情報の公開を国に要求していくことが大切です。

〔3〕 環境問題の解決も情報公開から

　工場や廃棄物処理場から排出される有害物質による環境汚染や、二酸化炭素などの温室効果ガスによる地球温暖化問題など、私たちの生活環境は、地域レベルでも地球レベルでも多くの深刻な危機に直面しています。現在および将来の地球上のすべての人々の生活の安全に関わる環境問題に、私たちは無関心でいることは許されません。

　それでは、私たちはどのようにして環境問題の解決に関わっていくことができるのでしょうか。

　大気や土壌、海や河川の汚染も、地球温暖化問題も、結局のところ、産業優先の社会構造と便利な生活を追い求めた私たちの生き方に原因があったといわざるを得ません。安全で美しい環境を取り戻すためには、まず何が環境

汚染の原因となるのか、どこでどのような環境汚染が生じているのかを知ることが大切です。そのうえで、国や地方自治体による産業構造の大きな転換を図るための制度改革、企業や私たち市民の意識改革、生活改造など、社会のあらゆる場面で環境汚染の原因となる要因を取り除く方策を私たち自らが検討し、提言し、実行しなければなりません。

　地球温暖化問題への対策が世界中で議論されるようになった現在、温暖化の原因やその影響、防止対策などに関する情報は、広く市民に公開され提供されるようになってきました。しかし、地域レベルでの環境汚染については、まだまだ情報公開が遅れているのが実情です。

　環境問題の解決のためには、私たち一人ひとりが、環境汚染に関する情報を入手し、環境が汚染されることのないよう不断に監視を続けることから始めなければなりません。環境問題の解決のためにも、情報公開はなくてはならない市民の武器なのです。

〔4〕　情報公開請求は日常生活の一部

　このほかにも、医療問題、薬害問題、子どものいじめなど教育に関する問題、高齢者福祉に関する問題など、私たちは日々の生活のなかで、さまざまな問題に遭遇します。こうした問題に直面したとき、あなたに解決のための知恵と勇気を与えてくれるのは情報です。

　今や、インターネットを通じて、私たちは世界中の情報を瞬時に入手することができるようになりました。情報公開法の施行によって、日本の行政が持っている情報の公開も請求することができるようになりました。

　21世紀の市民生活において、情報は、健康で豊かな生活を送るための必需品といっても過言ではないでしょう。私たちは、読みたい本を求めて本屋さんや図書館に出掛ける感覚で、知りたい情報を求めてインターネットを開き、情報公開請求をしていくことができるのです。

　本書は、消費者や市民の皆さんが、日常生活の中でさまざまな情報を手に入れたいと思ったとき、皆さんを情報へと案内する案内人——ナビゲーター——です。本書を片手に、情報に出会うことの楽しさをあなたも実感して下さい。

第2章　情報公開法の使い方

〔1〕　情報公開法利用の心得

情報公開法は簡単

　法律という名前を聞いただけで、みなさん難しく考え、肩に力が入っていませんか？　でも情報公開法は、わたしたちがコンビニでお昼の弁当を買うのと同じ感覚で利用できる法律なのです。誰でも簡単に利用できるのが情報公開法の特色です。請求の仕方はもちろん、開示を拒否されたときの不服申立の手続や裁判も簡単ですし、費用もほとんどかかりません。

情報公開法は楽しい

　情報公開法は、市民が、国に対し情報公開請求する権利を認めた法律です。消費者問題にしても、環境問題にしても、老人福祉にしても、私たちが、これらの問題を自分自身の問題として考えるためには情報が必要不可欠です。そのための情報を手に入れることを支援する法律が情報公開法です。情報公開法は、他の法律と違って、消費者・市民が専門家の助けを借りなくても利用できる法律です。欲しい情報を何度も請求すればいいし、自分の興味のある情報を手に入れることができる楽しい法律です。2001年4月1日の法律施行の前の情報も請求できます。まさに知ることの喜び、満足感を実感させてくれる法律です。好奇心をもって楽しみながら利用することが情報公開法利用の心得といえましょう。

〔2〕 情報の探し方

探し方の順序

　いきなり情報公開法を使って情報を手に入れようとすることは、あまり効率的とはいえません。一定程度の情報は、行政が刊行物やインターネットのホームページなどで既に公開しています。情報公開法が簡単であるといっても、請求してから開示されるまでに1か月以上かかりますし、閲覧・謄写に費用が必要です。

　まず公開済みの情報がどの程度あるか調べて、本当に必要な未公開情報だけを情報公開法で請求すべきです。

インターネットで探す

　たとえば、いまスーパーで手にした大豆が遺伝子組み換え食品かどうか、その大豆が安全かどうかなど、自分の知りたい情報が何であるか、漠然とは分かっていると思います。

　しかし、いざ情報公開請求をしようとすると、そもそも、遺伝子組み換え食品について、どんな情報があるのか、その情報がどこにあるのか、情報の名称が何かなど分からないことが意外と多いものです。

　情報があるかないか、どこにあるのか、などを知るには、専門家に聞くことが一番です。しかし近くに専門家がいるとは限りません。そこでまず文献にあたるとか、インターネットを利用して個人でできる範囲のことを調べることが必要です。現在、社会的に問題となっていることについては、大抵、インターネットのホームページがあります。インターネットには検索機能がついていますので、ホームページのアドレスを知っている必要はありません。いくつかのホームページを開けてみると関連リンクが表示されますので、それを追いかけていけば欲しい情報にたどり着くことができます。それが行政機関のホームページであったり、大学などの研究機関や、その分野で活動をしているNPOのホームページであったりします。

　またインターネット版イエローページも分野別に各種出版されていますの

で、それを最初のとっかかりとすることもできます。

　国の方で用意している「電子政府の総合窓口システム」のホームページがあります。アドレスは、http://www.e-gov.go.jp/ です。各府省が提供している情報の所在を調べることができる総合的な検索サービスです。各府省のホームページと電話番号は巻末の資料をご覧下さい。

　ホームページは我が国に限るのでなく、アメリカなど諸外国にも目を向ける必要があります。たとえば遺伝子組み換え食品であれば、アメリカのFDA（食品医薬品局）のホームページでBioengineered Foods（遺伝子組み換え食品）のサイトをクリックすると、それに関する膨大な量の情報にアクセスすることができます。アメリカでは、情報は市民から請求を受けてはじめて公開するのでなく、市民が必要とする情報は行政が自動公開すべきであるという考え方が徹底しています。

ＮＰＯから学ぶ

　消費者問題に関する情報のホームページも、経済産業省の製品評価技術センター、国民生活センター、厚生労働省の医薬品等安全性情報などたくさんあります。しかし、行政機関が公開している情報はどうしても行政に都合のいい情報であったり、情報の整理の仕方が分かりにくかったりする傾向があります。

　環境や消費者問題、医療、子どもの人権、老人福祉など特定の分野で活動しているＮＰＯや市民グループがたくさんあります。これらのホームページでは、行政の発表した情報を市民に分かりやすくまとめたものや、独自に集めた情報を提供しています。これを活用するとよいでしょう。これらのグループに直接連絡をとって必要な情報とか蓄積された経験を学ぶことも効果的な方法です。

　アメリカでは、政治の不正を追及するジュディシャル・ウォッチ、市民の情報公開請求を支援するパブリックシチズンなど、情報公開に関するＮＰＯがたくさんあります（詳しいことが知りたい方は花伝社発行日本弁護士連合会調査報告『アメリカ情報公開の現場から』をご覧下さい）。

情報センターで相談してしぼりこむ

　関係府省の情報センターの担当者に相談することも1つの方法です。

　各都道府県に情報公開の総合案内所が設けられます。行政機関は、情報を適切に分類し、請求者が容易・的確に請求できるよう義務づけられています（法37条、38条）。情報のインデックスが整備されれば、複数のキーワードをand or notで絞っていけば、欲しい情報の有無や検索数が即座にわかります。それを参考にしながら担当者に相談するとよいでしょう。担当者は個々の情報の専門家ではありませんが、欲しい情報の名称やその所在を図書館の司書のように、おおよその案内はしてくれます。この段階で、欲しい情報が既に公開されていて情報公開法によらなくても入手できることがわかる場合がかなりあります。本来、行政機関の持っている情報は、市民から請求を受けるまでもなく全て公開しておくべきものです。90％以上の情報が公開されていて、さらに詳しい情報が必要な場合に情報公開法を活用するというのが情報公開制度の本来の姿なのです。アメリカでは、同じ情報について数回、情報公開請求を受け公開した場合は、reading room（情報閲覧室）に備え置くようにされています。こうすれば市民にとっても行政にとっても情報公開請求の手間が省けることになり合理的といえましょう。情報のインデックスは、インターネットで自宅からアクセスすることもできるようになるでしょう。

〔3〕 請求の仕方

　請求書の記載事項、開示された情報の閲覧、複写の方法、費用などについて、情報公開法で基本的なことを規定していますが、より具体的には、施行令に規定しています。

1　情報を保有している行政庁の調査

　情報公開請求をするには、請求しようとする情報を管理している府省を調べます。欠陥製品などのように同じような情報を経済産業省と国民生活センターなど複数のところで管理している場合もあります。

2　請求書の記載の仕方

　請求は行政機関が用意する用紙を使用するか、自分で用意したものに必要

第2章 情報公開法の使い方 15

請求から裁判までのフローチャート

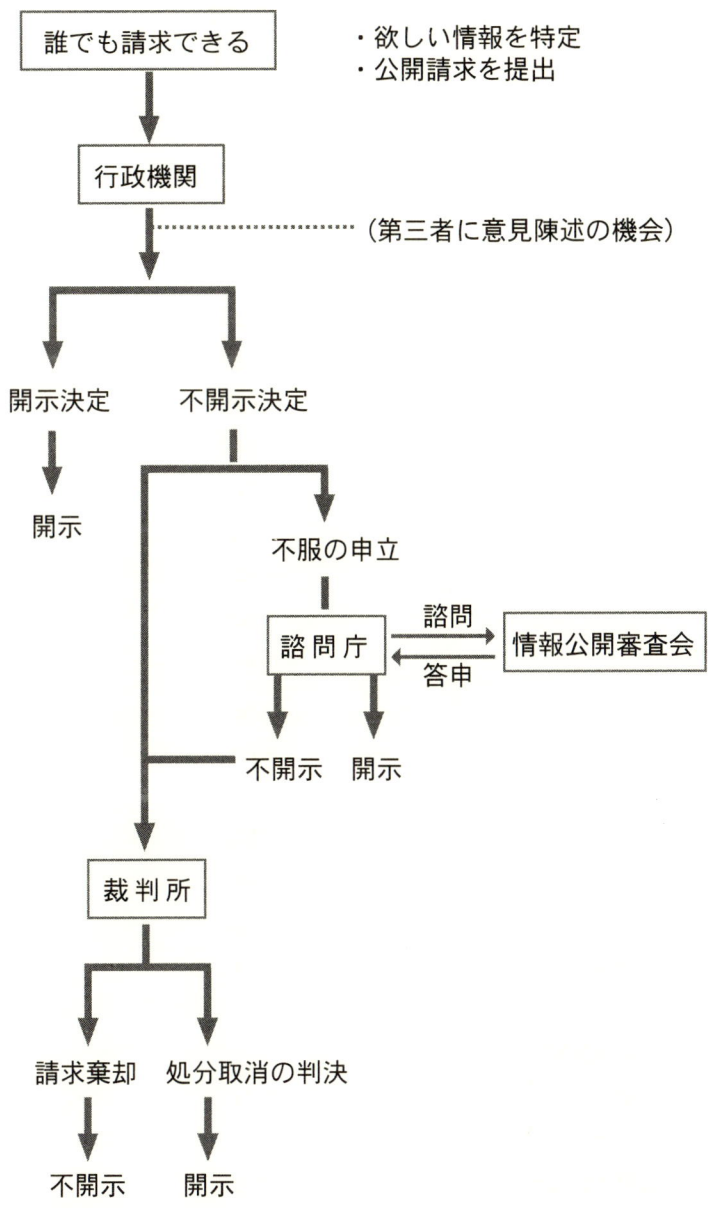

事項を記入します。

　請求書の書き方は難しくありません。注意すべきところは、請求する情報の内容・題名の欄です。情報の特定をする必要がありますが、最初から情報の名称まで完全に特定することはなかなかできません。情報センターの窓口で担当者と相談しながら特定するとよいでしょう。そこで大きな網をかけながら徐々に絞っていく感覚でします。

　たとえばテレビから出火した同種被害の情報を公開請求しようとするのであれば、①テレビ、②火災事故、③メーカー名、④情報の対象期間というように絞り込んでいきます。法は「行政文書の名称その他の開示請求に係る行政文書を特定するに足りる事項」を記載するよう規定しています（法4条1項2号）。具体的な情報名よりも「…に関する文書（情報）」というように、内容を特定するほうが確実です。情報名で特定すると、「そのような名称の情報はない」という理由で拒否される可能性があるからです。

　請求書の記載に形式的な不備があるとの指摘を受けたときは補正をする必要があります。関係省庁は、この場合、請求者に対し補正の参考になる情報を提供することが義務づけられています（同条2項）。

請求書の提出

　請求書は郵送でも提出できます。今後はＦＡＸやＥメールでも請求できるようにすべきでしょう。宛先は情報を保有する府省の情報センターです。巻末の一覧表を参考にしてください。

〔4〕 開示された情報の閲覧、複写の方法

開示までの期限

　請求がなされた日から原則として30日以内に、行政機関の長によって開示するか否か決定され、請求者に書面で通知されます（法10条1項）。請求された情報の量が多かったり、行政機関以外の第三者の提供した情報が含まれていた場合の第三者保護手続に必要な期間など、事務処理上の困難その他正当な理由があるときは30日以内に限り延長できます（同条2項）。また請求

「電子政府の総合窓口システム」のホームページ

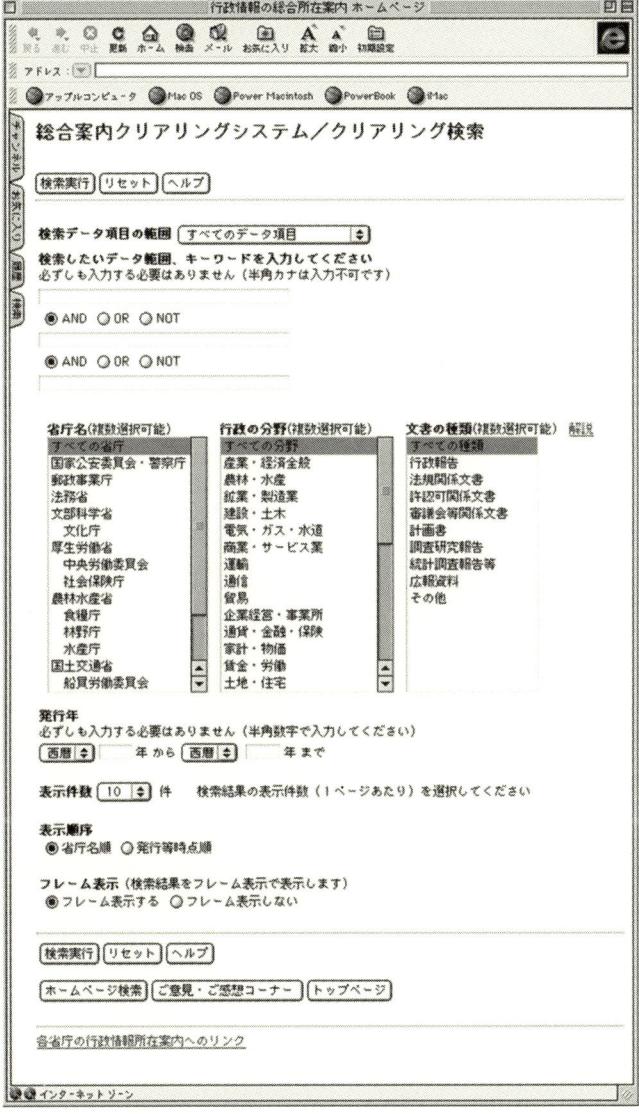

http://www.e-gov.go.jp/search.html

された文書が著しく大量で、60日以内にその全てを開示しようとすると事務に著しい支障を生ずるおそれのあるときは、相当部分についてとりあえず開示し、残りの部分を相当期間内に開示することが許されています。このように期限を延長したりするときは、その理由と延長する期間が書面で通知されます（法11条）。

開示決定の通知と開示の申出の期間

行政機関の長は、請求を受けた情報の全部または一部を開示することを決定したときは、その旨と、開示の日時場所、必要書類など開示の実施に関する事項を書面で通知をします（法9条1項）。

開示の決定を受けた場合、請求者は、その通知があった日から30日以内に、その求める開示の実施の方法などを行政機関の長に申出をする必要があります（法14条2項、3項）。できるだけ開示を受ける者の要望に応えるための制度で、その申出の期限を規定したものです。

開示の方法

開示される情報の形式は、文書、図画（写真、マイクロフィルム）および電磁的記録（フロッピーディスク、CD‐ROM、録音テープ、ビデオテープなど）です（法14条1項）。電磁的記録は、できるだけ電磁的情報の状態のままで複写されるのが、利用勝手の面でも費用の面でも望ましいといえます。1枚30円ほどのフロッピーディスクで数百ページ分の情報を複写できます。また電子情報の状態であれば、情報の並び替え、キーワードの検索、他の情報との組み合わせ、Eメールによる情報の送信が簡単にできるからです。

情報の交付もEメールの方法がもっとも効率的でしょう。アメリカではコンピュータ社会に対応して、情報自由法をバージョンアップし、1996年に電子情報自由法が成立しました。これによってアメリカでは、行政機関の情報を1999年末までにコンピュータ通信手段によって利用できるようにすることをアメリカ政府に義務づけました。わが国でも最近ほとんどの情報はコンピュータに入力されていますので、開示の方法は電子情報化社会に対応したものになっていくでしょう。

〔5〕 手数料の額

1　情報公開請求をするには、実費の範囲内で、請求したことによる手数料と、その情報を閲覧・コピーする費用が必要です。金額は政令で定められることになりました（法16条1項）。詳細が情報公開法の施行令13条と別表第1に定められています。たとえば、開示請求手数料は1件につき300円です。開示実施手数料は閲覧が100枚ごとに100円、コピー代は1枚20円、電子情報は紙に打ち出したものの交付の費用は1枚20円などです。ただし開示実施手数料は、合計金額が300円に達するまでは無料、300円を超える場合は300円を控除した金額となります。

　たとえば、1件の情報100枚を閲覧して、そのうち10枚のコピーをした場合、閲覧手数料100円とコピー代200円がかかりますが、その合計が開示請求手数料の300円を超えていませんので、結局最初の開示請求手数料の300円のみ支払うことになります。

　1件の情報100枚を閲覧して、そのうち50枚のコピーをした場合、閲覧手数料100円とコピー代1000円がかかりますが、その合計1100円が開示請求手数料の300円を超えていますので、この300円と超えた分の800円の合計1100円を支払うことになります。

2　これらの例ですと、それほど費用がかからないようにも思われますが、実際には、環境に関する情報公開請求や原子力に関する情報公開請求など、場合によっては数万枚の情報公開の請求をする必要があります。コピー代の20円というのは利用者にとって余りにも高すぎます。紙のコピーの場合、数十万円にもなってしまいます。そこで前に述べたように、フロッピーディスクやCD-ROMですれば記憶容量が膨大ですので、紙のコピーに比べてはるかに安くなります。

3　法は、経済的困難、その他特別の理由があると認めるときは手数料を減免できるとし（法16条3項）、施行令は1件につき2000円を限度として開示実施手数料を減免できると定めています（施行令14条1項）。ただし、減免するかどうかは行政機関の長の裁量に委ねられており、アメリカのように

権利として認められていません。

4　ところで情報公開請求は、自分のためだけでなく、社会のために公益的目的ですることが多くあります。法は「経済的困難その他特別の理由があるとき」としましたが、「特別な理由があるとき」のなかにＮＰＯの活動の一環として情報公開を請求する場合も当然含まれるものと考えるべきです。

施行令は「行政機関の長は、開示決定に係る行政文書を一定の開示の実施の方法により一般に周知させることが適当であると認めるときは、当該開示の実施の方法に係る開示実施手数料を減額し、又は免除することができる」と規定しています（施行令14条4項）。ここでは経済的困難なときのように、減免額を1件につき2000円に限定していません。この規定を弾力的に運用し、公益的目的の情報公開請求をしやすくする必要があります。

ここでアメリカの情報自由法の手数料のことを紹介しましょう。情報自由法では、学術的目的、非営利団体の公益的目的や報道機関の請求の場合は費用の減免が権利として認められています。

アメリカでは、まず、料金の設定を、検索、コピー、審査の3段階に分けています。そして情報公開請求する人の分野によって、この3段階の負担が異なります。

①商業的利用の場合は、検索、コピー、審査の3段階すべてについて負担します。現在、検索、審査代が1時間あたり、担当する職員の階級により14ドル、29ドル、52ドルです。コピー代は1枚10セント、マイクロフィルムは1枚50セントです。

②ニュースメディア、研究機関その他公益的目的の請求者の場合は、コピー代だけ負担し、それ以外は無料です。コピー代も最初の100ページ分は無料です。

③それ以外の請求者の場合は、検索とコピー代を負担しますが、最初の2時間の検索代と100ページ分のコピー代は無料です。

〔6〕　不開示決定の通知と理由の付記

1　行政機関の長が、請求された情報を全面不開示や一部不開示とすると

き、さらに存否応答拒否処分（P 22、ひとくち解説参照）とするとき、情報が存在しないとするときは、その旨が書面で請求者に通知されます（法9条2項）。

2　この場合、行政機関の長は、その理由を不開示決定の通知と一緒に請求者に十分に知らせることが義務づけられています（行政手続法8条）。単に非開示の根拠規定を示すだけでなく、開示することによって、いかなる他の利益が害されるかを具体的に示す必要があります。情報公開条例の例をみますと、自治体によっては紋切り型の理由しか示さないために、かえって市民の不信を招き、異議の申立が増えているケースがあります。

3　存否応答拒否処分の場合、理由の示し方が簡単になるおそれがあります。請求者としては、具体的でない理由の場合、そのような行政機関の対応を批判する必要があることはもちろんですが、存否応答拒否処分をさせないよう、請求の形を工夫することも必要でしょう。またこの処分を受けたときは、あきらめずに不服申立をすることも重要です。あとで述べますが、情報公開審査会では、インカメラ手続で、その情報を直接見て、適法に存否応答拒否処分がなされたかをチェックすることが期待できるからです。

4　情報が存在しないとする処分の場合も、存在しない理由を請求者に合理的に説明する必要があります。文書管理規程からするとあるはずの情報がないということでは許されないでしょうし、保管すべき情報を廃棄していた場合は公用文書毀棄罪に該当することもあり得ます（刑法258条）。

　情報名の表示が少し違っていたために存在しないと言われることがあり得ますので、公開請求にあたっては、情報の名称よりも情報の内容で特定した方がよいでしょう。情報の名称が行政機関によって違う場合もありますし、少しずつ変更されることもあるからです。

　情報が不存在とする処分の中には、「行政機関の職員が職務上作成した文書等」ではないとか、「組織的に用いるもの」ではないということで不存在と回答することも予想されます（法2条2項）。職務上作成した文書等か否か、組織的に用いるものであるか否かは、価値判断の問題ですので、疑問があればあきらめずに異議の申立をした方がよいでしょう。本来、行政機関の職員が作成・取得した情報で、職務上でないもの、組織的に用いるものでないもの

というのはあり得ないことですから、異議の申立をしていけば、開示されることが期待できます。

◆ひとくち解説

存否応答拒否処分

請求された情報が「あるともないとも答えない」という処分です。たとえばAという人のB国立病院の神経科の通院歴の情報の場合、「その情報は存在するがAさんのプライバシーを侵害するから不開示とする」と答えると、Aさんが神経科の通院歴があることを明らかにしたのと同じことになります。このような場合を想定して、法8条は例外的に認めました。しかしその処分が適法になされたか否かがチェックしにくく、乱用のおそれがあります。

〔7〕 不開示決定の争い方 ──不服申立か裁判か──

1 公開請求した情報が全面不開示や一部不開示になった場合、その処分の変更を求める2つの方法があります。1つは行政不服審査法による不服申立で、この場合、情報公開審査会に諮問されます（法18条）。もう1つは裁判により不開示決定の行政処分の取消を求める方法です。

2 まず不服申立をし、それでも開示が認められないときにはじめて裁判を起こすか、最初から裁判を起こすか、どちらでも選択できます。裁判を起こす前に不服申立をする必要は必ずしもありません。

どちらを選択すべきかは一概にはいえませんが重要なポイントでもあります。情報公開審査会は全国で1つしかありませんから、不服の申立をしても、先に申し立てられた事件がたくさんある場合は、なかなか順番がまわってこないことになります。裁判の場合はそのようなことはありませんが、手続が厳格であるため、市民にとって利用しにくい面があります。

3 不服申立をとるべきか、裁判所に提訴すべきか、一応の判断材料となる

点を整理してみましょう。

a　審理する場所（管轄）

　不服申立は処分庁か直近の上級行政庁に対してしますが、その後情報公開審査会に諮問されます。情報公開審査会は総務省が所管しますので東京になります。他方、裁判は、不開示決定の処分をした行政庁の所在地を管轄する地方裁判所（行政事件訴訟法12条、ほとんどの場合は東京地方裁判所になるでしょう）か、または請求人が住んでいる地域の高等裁判所所在地の地方裁判所になります。札幌地裁、仙台地裁、東京地裁、名古屋地裁、大阪地裁、広島地裁、高松地裁、福岡地裁の8か所です（法36条1項）。

　不服申立書、訴状の提出は郵送でできますので、どちらでも変わりありません。その後、不服申立は実際に出頭することはあまりありませんが、裁判の場合は、毎回出頭することが原則ですので、どこに管轄があるかは重要なポイントとなります。もっとも、裁判でも、主張の整理の段階は、電話会議による方法を活用することにより出頭しなくてもすみます。

b　結論が出るまでの期間

　どちらが早いかは、事件の内容によりますので何ともいえません。いえることは、不服申立の場合、情報公開審査会が3つの合議体で審査されるだけですので、たくさんの申立が集中し、順番待ちで長期間待たされることが予想されます。情報公開条例の例をみますと、ある県の場合、2年間も待たされたケースがあります。裁判では、全国8か所の地方裁判所で行われますのでそういうことはありません。市民オンブズマンが起こしている裁判の例では、ほとんど1年前後で判決が出ています。

c　手続の難しさ

　不服申立の方が裁判より手続が簡単です。不服申立では申立書、意見書、資料を提出し、口頭による意見陳述をする程度です。裁判では行政事件訴訟法、民事訴訟法による厳格な手続が行われますので、市民にはとっつきにくい面があります。

d　手続の公正さ

　不服申立では、情報公開審査会に行政庁がした判断の違法性、当否を諮問しますが、あくまでも行政サイドの審査であり、手続の公正さという面で

は、どうしても不安があります。審査会の委員は、衆議院と参議院の同意を得て内閣総理大臣が任命します。人選はそのときの政権の情報公開に対する姿勢を反映しますので、必ずしも中立性が期待できないこともあり得ます。重要な防衛外交情報についても審査を行うわけですから、地方自治体の審査会委員よりも行政寄りの人選が行われることも予想されます。

　審査会の審理は非公開で、書面審査中心の手続です。当事者としての立会権もありません。主張・立証の面でも行政庁の意見に対し、適切に反論する機会が十分確保されるとはいい難い面があります。提出資料の閲覧が原則的に認められていますが、本来、判断資料は共通化されるべきであり、副本の提出を義務づける必要があります。極端な言い方をすれば、今どのような審査が行われているのか、次にいつどんな手続が行われるのか、結論が出るのがいつなのか、手続上明確ではありません。

e　審理の内容

　審査会の審査にはインカメラ審理（P 25、ひとくち解説参照）がありますが、裁判ではその手続が認められませんでした。審査会が不開示となった情報を直接見て判断できる点では裁判より優れています。しかし請求者が積極的に証拠を収集したり相手方の証拠を弾劾したりする面は弱いといわざるを得ません。裁判では、裁判所が相手方に対し文書提出を命じたり証人尋問をするなど積極的な証拠調べを行うことができます。裁判にもアメリカのようなインカメラ審理を認めるべきです。

f　結論

　以上の点を考えると、審査会の審理にインカメラが認められている点を除けば、ほとんどの点で、裁判によった方が主体的に手続が進められ、安心であると思われます。

　ただ、同じ争点あるいは類似のパターンの不開示処分で、請求者に有利な不服申立の審査の先例がある場合は、裁判を起こす必要はないでしょう。

◆ひとくち解説

インカメラ審理（in camera inspection）

　インカメラ審理というのは、不開示となった情報を審査会ないし裁判所が直接見ることができる手続です。請求者側は見ることはできません。

　情報を開示すべきかどうかを判断するにあたっては、その情報を直接見るのがもっとも効果的であり、逆にいえば見ないでは正しい判断がなされないおそれが多分にあります。そこで審査会でも裁判でもインカメラ審理が認められるべきですが、法は裁判手続にインカメラ審理を認める明文を設けませんでした。アメリカの情報自由法では裁判手続でのインカメラ審理を規定しています。

〔8〕 不服審査の申立とその後の手続

制度のあらまし

　開示決定等について不服のある当事者は、行政不服審査法に基づき、処分庁か直近の上級処分庁に対し不服の申立をすることができます。その期限は開示決定等があったことを知った日の翌日から起算して60日以内です（行政不服審査法14条）。2か月以内ではありませんので注意する必要があります。

　なお不服を求める当事者の中には開示により権利利益が害される第三者（たとえば開示決定された情報のなかに企業秘密に関する情報が含まれていた場合の企業）も含まれますが、本書は情報公開請求をする消費者・市民のための手引書ですので不開示決定を争う場合についてのみ説明します。

　不服の申立をすると、開示請求者の言い分を認めて請求した情報を全部開示する裁決または決定をするとき以外は、行政機関の長は情報公開審査会（会計検査院の場合は、別に定める審査会）に諮問します。実際上、不服申立された不開示決定を取り消したり変更することは考えられませんので、ほとんどすべて審査会に諮問されることになります。審査会は、諮問を受けて調

不服審査のフローチャート

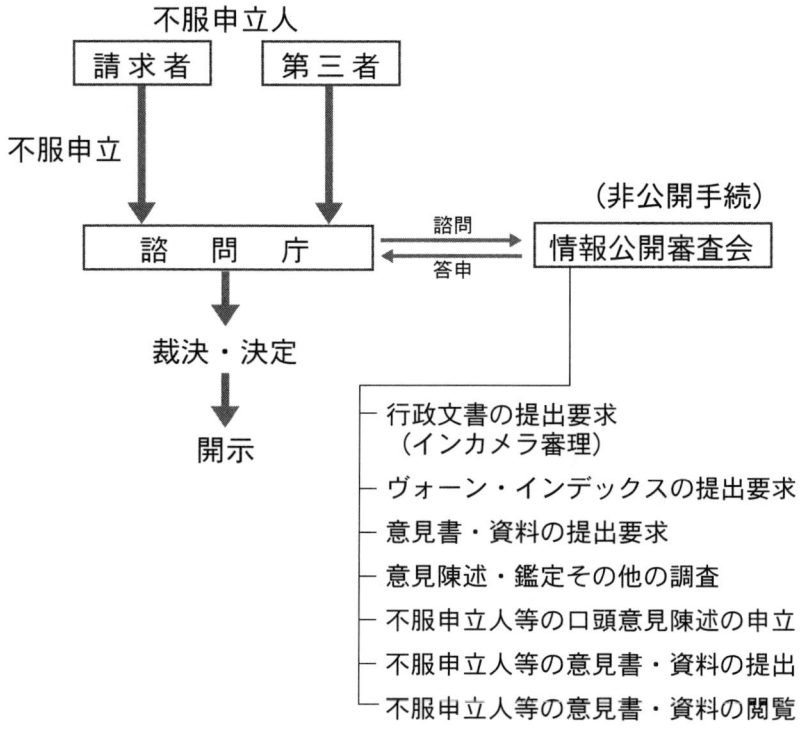

（註）「不服申立人等」とは不服申立人、参加人、諮問庁を指す

査・審議をしたうえで、諮問庁に答申をし、不服申立人等に答申書の写しを送付し、答申の内容を一般に公表します（法34条）。

調査・審議の手続は非公開です（法32条）。

審査会の組織

情報公開審査会は総務省に置かれます。審査会は委員9人で組織されます。委員は衆議院・参議院の同意を得て内閣総理大臣が任命します。委員の任期は3年です。審査会は委員3人で構成する合議体で調査・審議しますので、3つの審議体制となります。全国からの不服申立をわずか3つの審議体で審議することには制度的に無理があるように思われます。

審査会の調査・審議の流れ

審査会の調査・審議の手続は、法に規定するほかは政令で定められますが、大きな流れはフローチャートのとおりです。

審査会は、諮問を受けると、調査に入ります。調査にあたって、審査会は不服申立人、参加人または諮問庁（これらを不服申立人等といいます）に対し、①意見書、資料の提出要求、②いわゆるヴォーン・インデックス（P 29、ひとくち解説参照）の提出要求ができます。ヴォーン・インデックスというのは、開示請求を受けている情報の内容を、分類・整理した書面です。最低限、不開示事由の種類と不開示部分の特定に関する記述、開示されることによって発生する障害の具体的事実および不開示を正当づける記述が記載される必要があります。

さらに審査会は、諮問庁に対し、必要に応じて、不開示処分となった情報の提示を求めることができます。これらによって審査会は、不開示処分の違法性、当否について効率的に審査できます。

（アメリカでのインカメラ審理とヴォーン・インデックスの詳細は、花伝社発行日本弁護士連合会調査報告『アメリカ情報公開の現場から』をご覧下さい）。

不服申立人等の権限と活動

第1に、不服申立人等は、審査会に対し、意見書、資料の提出ができます

（法29条）。ここで不開示処分の違法性・不当性を具体的に主張し、それを裏づける資料を提出する必要があります。そのためには行政機関がどんな主張をしているのかを知り、分析する必要があります。

第2に、不服申立人等は、審査会に対し、審査会に提出された意見書・資料の閲覧を求めることができるとしています（法31条1項）。しかし、いかなる書面が提出されているか、いつ提出されたかを知ることができないのでは問題です。この点は裁判手続と同様、相手方に対し副本を提出することを義務づけるべきです。

第3に、不服申立人等は、審査会に対し、口頭で意見を述べる機会を与えるよう申し立てることができます（法28条1項）。この場合、審査会の許可を得て請求者と参加人は、弁護士などの専門家を補佐人につけて、一緒に出頭することができます（同条2項）。

口頭による意見陳述の機会は、書面による主張・立証が終了した段階で行われるのが普通でしょうが、審査会の委員に対し、最後に重要な点を直接訴えることは非常に意義のあることです。

審査会の答申とその後の手続

審査会は、以上の調査と審議を経て諮問庁に対し答申を出します。答申書の写しは不服申立人および参加人に送付され、さらに答申内容は一般に公表されます（法34条）。

審査会は諮問機関ですので、審査会の判断に法的拘束力はありませんが、行政機関はよほどの合理的理由がない以上、これと異なる裁決、決定はできないでしょう。

不服申立でも不開示処分がくつがえらなかった場合、最後の手段として裁判を起こすしかありません。裁判を提起できる期限は、不服申立の裁決があったことを知ったときから3か月以内です（行政事件訴訟法14条）。

◆ひとくち解説

ヴォーン・インデックス（Vaughn Index）

　ヴォーン・インデックスというのは、アメリカで採用されている制度で、確定した形式はありませんが、少なくとも次の内容が記載される必要があります。①ヴォーン・インデックスの作成者の信用性に関する記述、②不開示事由の種類と不開示部分の特定に関する記述、③開示されることによって発生する障害の具体的事実および不開示を正当づける記述。

　アメリカの裁判では、裁判所は不開示処分をした行政機関にまずヴォーン・インデックスの提出と公開宣誓供述書によって不開示の理由を説明させます。そのうえで、必要に応じインカメラ審理を行います。

〔9〕 情報公開訴訟の提起とその後の手続

手続全体の流れ

　不開示決定に対し、不服があるときは、まず不服審査の申立をするか、それを飛ばして直ちに裁判を起こすことができます。裁判の手続は、一般の行政訴訟の裁判と変わりません。大きく違うのは、不開示事由の証明責任が国側にあることです。手続は、まず管轄をもつ裁判所に訴状を提出し、裁判がスタートします。裁判の期日が決まり、不開示決定をした行政機関（以下「相手方」といいます）から不開示決定をしたことが正当であることを記した答弁書が提出されます。その後しばらくお互いの主張・反論が繰り返されます。争点が明らかとなったところで、必要に応じて証拠の提出や証人尋問が行われ、その後判決が言い渡されます。普通の裁判が２、３年くらいかかることに比べれば、相手方に立証責任がありますから比較的短期間で一審の判決が出ます。

　一審の判決に不服がある場合には、普通の裁判と同じように控訴、上告ができます。

提訴の期限

　裁判を提起できる期限が定められていますから注意する必要があります。それは不開示決定等の処分があったことを知ったときから3か月以内です。不服申立をした場合は、その裁決があったことを知ったときから3か月以内です（行政事件訴訟法14条）。

　もし期限が過ぎてしまったら、もう一度情報公開請求を最初からやり直すしかありません。

裁判の管轄

　情報公開の裁判を起こせるのは、不開示決定の処分をした行政庁の所在地を管轄する地方裁判所（ほとんどの場合は東京地方裁判所になるでしょう）、事案の処理にあたった下級行政機関の所在地の地方裁判所、または請求者が住んでいる地域を管轄する高等裁判所所在地の地方裁判所になります。札幌地裁、仙台地裁、東京地裁、名古屋地裁、大阪地裁、広島地裁、高松地裁、福岡地裁の8か所です（法36条1項）。

　裁判の管轄を東京に集中させるのか全国に広げるのかが情報公開法の最も重要なポイントであるとして立法段階で最後まで紛糾しました。その理由は、東京地裁1か所に集中させると、第1に経済的に地方の人々が裁判を起こすことが困難となること。沖縄の人の場合、交通費等で200万円以上もかかってしまうとの試算もあります。もう1つは、東京地裁1か所に集中させれば、東京地裁の行政事件の専門部に、そのときの政権に従順な裁判官を配属させることにより、すべての情報公開訴訟を掌握できる結果となるからです。結果的には全国8か所の前記地裁に限定されてしまいましたが、沖縄県や日本海側の地域にも管轄を認める必要があります。この点は施行4年後（2005年）の見直しの際には改正されるべきです。

裁判にかかる費用

　裁判をしようとする場合に、気になるのはやはり費用の点です。裁判にはたくさんのお金がかかるということをよく耳にします。もともと情報公開請求は、企業が企業活動の一環としてやる場合は別として、市民・消費者がプロボ

ノ活動（公共的ボランティア活動）として行うのがほとんどです。ですから情報公開請求にかかる費用や裁判の費用は安いに超したことはありません。

　裁判にかかる費用は大きく分けて実費と弁護士費用です。弁護士に依頼せず自分で訴訟をすればもちろん弁護士費用は不要です。情報公開訴訟は普通の行政事件の訴訟に比べて、原告が勝訴する確率が高いですから、弁護士に依頼せず自分でやることも十分できると思います。

(1) 実費は、訴状に貼る印紙代が8200円、書面を送達するための切手代が数千円、裁判所への交通費が主なものです。近くの裁判所に提訴できる場合はそれほどの負担ではありませんが、たとえば沖縄に住む人は福岡地裁に提訴しなければなりませんから、交通費だけでも大変です。裁判所に出頭する回数は平均して10回程度でしょうか。

(2) 弁護士費用は、弁護士に支払う着手金、報酬と実費相当の交通費が主なものです。裁判所が遠いところにある場合は、日当も必要となる場合があります。着手金は日弁連の報酬基準を参考にして事件の難易性などの事情を考え弁護士と協議して決めます。

訴状の書き方

　資料の訴状のひな型（P 32）を例にして、基本的な訴状の書き方を説明します。

(1) 当事者欄の書き方

原告…請求者の住所、名前、電話番号（ＦＡＸ番号）、送達場所を記載します。
被告…不開示決定をした行政庁の住所と訴訟提起時点のその代表者（普通は担当大臣の名前）を記載します（行政事件訴訟法11条）。

(2) 提訴の日付

　提訴する日付を記載します。

(3) 請求の趣旨

　ここでは裁判で何を求めるかという結論を端的に記載します。普通は、ひな型のように、不開示決定処分を受けた部分の処分を取り消す旨を記載します。

(4) 請求の原因

訴 状

平成13年＊＊月＊＊日

名古屋地方裁判所 御中

原　告　　杉　浦　英　樹　㊞

〒444-＊＊＊＊　　愛知県岡崎市・・・・（送達場所）
　　　　　　　　　　　　　　　　原　告　　杉　浦　英　樹
〒100-8918　　東京都千代田区霞が関2-1-3
　　　　　　　　　　　　　　　　被　告　　国土交通大臣　甲野太郎

公文書不開示処分取消請求事件

　　訴訟物の価格　　　95万円
　　貼用印紙額　　　　8200円

【請求の趣旨】

1、被告が、原告に対し、平成13年7月31日付で行った「平成10年4月1日から平成13年3月30日までの間の、自動車のユーザーから収集した自動車に関する苦情事例に関する一切の情報」の不開示決定処分を取り消す。
2、訴訟費用は被告の負担とする。
との判決を求める。

【請求の原因】

第1、情報公開請求と不開示決定
1、原告は、被告に対し、「行政機関の保有する情報の公開の関する法律」（以下、「情報公開法」という）3条に基づき、平成13年4月10日、欠陥自動車の安全性を調査するため、請求の趣旨記載の文書の開示を請求した（甲1号証）。
2、しかるに、被告は、平成13年5月10日、不開示決定通知書をもって、不開示処分（以下「本件処分」という）をした（甲2号証）。

3、不開示決定通知書には、不開示した理由について、次の通り記載されていた。

記

　行政機関の保有する情報の公開の関する法律第5条1号（個人情報）、同条2号（法人情報）に該当するため。
a　個人に関する情報であって、当該情報に含まれる氏名、生年月日その他の記述等により特定の個人を識別できる（1号）
b　公にすることにより、当該法人等又は当該個人の権利、競争上の地位その他正当な利益を害するおそれがあるもの（2号イ）

第2、本件処分の違法性について
1、個人情報の点
（ここに不開示処分が違法であると主張する理由を記載する）

2、法人情報の点
（ここに不開示処分が違法であると主張する理由を記載する）

第3、結語
　以上の通り、本件処分が違法であることは明らかであるから、本件処分を取り消すことを求める。

【証拠方法】

1、甲第1号証		情報開示請求書
2、甲第2号証		不開示決定通知書

【附属書類】

1、訴状副本		1通
2、甲号証の写し		各1通

①被告が、請求した情報の保有者であること
②情報公開請求から不開示処分を受けるまでの経過
③行政庁が不開示処分をした理由をそのまま
④本件不開示処分が違法であること
　を記載します。
　いきおい、力が入って、あれもこれも、たくさんのことを書きたくなりますが、この段階では、できるだけ客観的事実を時系列にそって書くことを勧めます。まず裁判所に事件の全体を理解してもらう必要があるからです。
(5) 証拠方法
　原告から提出する証拠を甲号証として提出します。甲第1号証から提出の順番で数字を連番で記入します。提訴の段階では、最低限、情報公開請求書（甲第1号証）と不開示決定通知書（甲第2号証）などを提出するのが普通です。

訴状の提出

　訴状と証拠写しの正本・副本に、印紙と切手を添えて管轄する裁判所に提出します。郵送でもかまいません。訴状が受理されると、事件番号と担当する係属部が決まります。

立証責任

　情報公開請求訴訟の最も重要な点は、不開示処分が正しいとする理由の立証責任が行政庁にあることです。この点を最大限に活用して、行政庁に立証させるように訴訟を進めるのがポイントです。

主張・立証にあたって注意すること

　情報公開訴訟では、基本的にすべての主張・立証を相手方である行政庁にさせる姿勢で臨むべきであり、裁判所に対しても、そのことを訴えるべきです。行政情報は国民の共有財産であり、情報公開法の基本理念は、国民の知る権利と政府のアカウンタビリティ（説明責任）にありますから、政府は、不開示処分の理由について国民に説得力のある説明をし、立証する責任があるからです。

このような基本的姿勢に立って、第1に、相手方に対し、ヴォーン・インデックスの提出を求めましょう。現行の訴訟手続においては無理であるという見解もありますが、当事者照会制度を活用し、また求釈明の申立などにより十分可能なはずです。第2に、立証責任の点です。不開示事由の立証責任は基本的に行政側にありますが、情報公開法の規定の仕方の中には、法5条1号但書のように例外の例外規定や、「おそれがあるもの」というような曖昧な規定があります。これらの規定に該当することの立証責任も、行政側にあることを訴えることが必要です。

〔10〕 どんどん活用することが情報公開法を進化させる

　最初に述べたように、情報公開請求するためには、情報公開法を利用するだけでなく、まずインターネットなどを利用することが重要でしょう。ただ、行政が公開したがらない情報は、結局、情報公開法を利用して裁判までして獲得するほかありません。

　わが国では情報公開法はスタートしたばかりですが、たくさんの制度の欠陥と使い勝手の悪さを残したままの見切り発車となりました。これを直していくには情報公開法をどんどん活用して、制度の不備を具体的に明らかにしていくことが必要です。アメリカでも1966年に成立した情報自由法が、その後4回にわたる大きな改正を経て今日の電子情報自由法に至っています。

　手続面だけに絞って当面の改善点をあげるとすると、まず次の3点を外すことはできません。

　第1は、情報公開審査会の手続の当事者軽視の点です。

　審査会は、行政の不開示処分の違法性、当否を第三者的立場から公正に判断しようとして設けられた制度ですから、手続をより透明で、当事者参加型にする必要があります。そのためには最低限、①審査会の開催期日を事前に決め、主張の整理の段階、証拠調べの段階など手続の節目ごとに当事者が参加しうる機会を確保すること、②ヴォーン・インデックスを主張整理の初期の段階で諮問庁から提出させ、不服申立人に副本を渡し、反論の機会を与えること、③審査会は、ヴォーン・インデックスを提出させたあと、インカメ

ラ審理をし、ヴォーン・インデックスが適正に作成されているかを調べ、不適正であれば、諸問庁にその補正を求め、適正なものを不服申立人に渡してから次の手続に進むように適正手続の確保に努めること、④意見書、資料は、閲覧ではなく、当事者に副本の提出を義務づけ、資料の共通化を図ることが必要です。⑤また審査会の答申が出るまでに1年以上かかるようであれば審査会の存在理由自体がなくなります。3つの合議体で全国からの不服の申立事件を処理しようとするのは最初から無理があります。地方での審査会の設置を含め、早期に適切な答申が出せるような審査会の体制づくりが必要です。

第2は、情報公開訴訟におけるインカメラ審理の採用です。

裁判は本来証拠に基づいて行うべきものです。インカメラ審理ができるよう法律の整備をする必要があります。情報公開訴訟において、現に存在する証拠を見ないで裁判をするほど滑稽な裁判はないはずです。証拠を見ないで行政の不開示処分を容認する判決をすることは、裁判所の義務の放棄以外の何者でもないはずです。直接的な証拠がない事案であれば、間接的な証拠を積み重ねて経験則から推論するのも裁判の宿命でしょう。しかし、直接証拠がありながら、これを見ないで裁判することは裁判所自ら裁判の理念を放棄したものとしかいえません。名古屋、仙台の裁判所でインカメラ審理が行われた例があります。憲法82条が規定する裁判の公開は裁判の公正を確保するために必要であるとするもので、必ずしも絶対的ではなく例外があります。情報公開訴訟は、まさに例外にあたるものです。1998年に施行された新民事訴訟法でも、文書提出命令の要件の存否の判断にあたってインカメラ手続を採用しています（民事訴訟法223条3項）。

第3は、情報公開訴訟の管轄の点です。

情報公開法を利用する立場からすると、情報公開訴訟の管轄が全国8か所だけに限定されるのは耐え難いことだといわざるを得ません。附則3項で「政府は、この法律の施行後4年を目途として、この法律の施行の状況及び情報公開訴訟の管轄の在り方について検討を加え、その結果に基づいて必要な措置を講ずるものとする。」と規定しています。私たちは、全国各地で沢山の訴訟を起こすことによって、裁判の管轄規定についての不合理さを明らかにし、法改正につなげる必要があります。

第3章　その他の情報公開制度の紹介

〔1〕　情報公開条例

地方自治体のもつ情報公開条例

　1988年山形県金山町で情報公開条例ができたのを皮切りに、全国の都道府県のすべてと多くの市町村で情報公開条例ができています。2000年6月の時点で情報公開条例を持っている地方自治体の数は3299団体のうち1426団体にのぼります。現在も情報公開条例のない地方自治体が条例の制定に向けて準備しています。

　情報公開法ができるまでは、市民は、情報公開条例を使って自治体が持っているいろいろな情報を収集してきました。官官接待やカラ出張のような公金の不正支出を市民オンブズマンが摘発しましたが、これも情報公開条例を駆使して明らかにしたものです。

情報公開条例の対象機関

　情報公開条例が実施機関としているところの情報は原則として請求できます。公安委員会、議会、第三セクターは実施機関から外されていることが多く、その場合には請求できません。しかし最近では情報公開の重要性が認識されるようになり、議会、第三セクターも実施機関に含む傾向があります。警察の不祥事が明るみに出るようになり公安委員会も実施機関に入れようとする動きもみられるようになりました。情報公開法で公安委員会を対象にしましたので、今後、県の公安委員会も対象になっていくでしょう。

情報公開条例によって取得された情報

　情報公開条例によって入手される情報はきわめて広い範囲のものです。防衛・外交情報の多くは国が独占していますが、国民の日常生活に関する情報は国に負けず劣らず自治体が保有しているからです。

　具体的には、悪徳商法被害に関する消費者センター相談記録（消費生活センター）や家電製品などの発火に関する火災事故報告（消防署）など消費者被害に関する情報、体罰事故に関する報告書（教育委員会）などの教育現場の情報、その他税金の使い道、環境、まちづくりに関する情報などきわめて広い範囲です。

公開されなかった場合

　地方自治体も情報を隠したがる体質があります。情報公開条例によって請求した情報が不開示処分となった場合には、情報公開審査会に申立をする方法と裁判所に不開示処分の取消を求める裁判を起こす方法があります。

〔2〕 製品のリコール情報

　ここ近年自動車メーカーのリコール隠しが大きな社会問題となっています。道路運送車両法は、安全基準に適合しないと判断される車両については自動車メーカーに改善措置（無料回収・修理）の届出を義務づけています（同法63条の3）。

　2000年3月には、自動車メーカーの技術関係者がリコール隠しによる刑事責任を問われました。リコールされるべき車両がリコールされなかったために交通事故が発生したことから、その責任はリコール隠しをした技術者にあるとして、業務上過失傷害罪に問われたのです。2000年7月にも大手自動車メーカーの会社ぐるみのリコール隠しが大きな社会問題になったことは記憶に新しいところです。

　しかし、自動車メーカーはリコールすると多大な費用がかかることから、できるだけリコールすることをためらう傾向があります。自動車の欠陥隠しは自動車利用者の生命や身体に重篤な被害をもたらすことから法律でリコー

ル届出を義務づけているのですから、リコール隠しがあってはならないことは言うまでもありません。リコール義務があるのは現在自動車だけですが、自動車に限らず製品の安全性に関する欠陥については速やかに無料の回収や修理などの処置がとられる必要があります。各企業においても一部ではありますが社告の方式で改善策を公表しています。自動車のリコール情報については、リコール毎に国土交通省において記者発表が行なわれるとともに、同省のホームページでもリコールインフォメーションシステム（ＲＩＳ）として公表されています。ユーザーからの苦情事例はカスタマーズインフォメーションシステム（ＳＩＳ）として情報管理していますが、現時点においては行政目的や個人情報であることを理由として公開されていません。しかし、メーカー名や型式を含めて公表されることが事故の未然防止につながることになります。経済産業省の所轄に関する製品のリコールなどについては、経済産業省製品評価技術センターのホームページで公表されています。医薬品等の回収などの処置が取られた場合は、厚生労働省のホームページに公表されています。リコールが必要かどうかは単に自動車メーカーの自主的な判断ではなく、強制的に行えるような制度にあらためる必要があります。これらの情報が公開されない場合は情報公開法に基づいて公開請求を積極的に行うことが何よりも重要です。

〔3〕 経済産業省の事故情報収集制度

経済産業省では、消費生活用製品の欠陥等によって人身被害が発生した事故、発生の可能性のある事故およびこれらの事故を生ずる可能性の高い製品の欠陥に関して情報を収集し、その内容を公表しています。情報の収集元は、消費者団体、地方自治体、消費生活センター、製造事業者および流通業界、製品安全協会、一般消費者等からで、これらの機関等の協力を得て収集した事故情報を分析、整理し、学識経験者、消費者団体、検査団体等で構成される製品評価技術センター内の事故動向等解析専門委員会の検討を経たうえで、事故発生年月日、品名、事故内容、事故原因、再発防止策、情報通知者を公表しています。

以前は、メーカー名や製品名など製品が特定される情報は公表していませんでしたが、1996年度からは、専門委員会の検討の結果、事故の原因が製品に起因すると判定された事例については、その製品の製造事業者名、商品名および型式についても公表するようになりました。ちなみに1999年度の総件数は1045件で、そのうち、商品事業者名、製品名および型式が公表された事例の件数は166件でした。

　経済産業省では、これらの情報につき、年1回事故情報収集制度報告書を発行する他、4半期毎に消費者行政ニュースで公表しています。また、重大事故については欠陥などが確認され次第公表する扱いをしているようです。また、これらの情報の一部については、ホームページ（経済産業省製品評価技術センターの事故情報のページ、http://www.nite.go.jp/head.htm）でも見ることができます。このページでは、製品に関する社告や、利用できる原因究明機関、苦情・事故原因の究明方法も検索することができます。

　今後、さらに公表範囲を拡げていくことが期待されますが、現状においても、かなり役に立つ情報も掲載されていますので、ぜひ活用してみて下さい。

　情報公開法施行後は、同法に基づく情報公開請求によっても情報を入手することができるようになりますので、積極的に活用すべきでしょう。

〔4〕 国民生活センター

　国民生活センターでは、全国の各地方の消費生活センターとの間をコンピューターネットワークで結び、消費生活センターの相談、苦情事例がインプットされ、いつでも迅速に検索できる体制を整備しています（PIO—NET）。年間の件数は30万件を超え、累計で300万件を超える情報が蓄積されています。また、欠陥商品関連では、製品事故またはその危険のあったケースにつき、全国の消費生活センターから集められる情報のほか、国の約20の提携病院からも、事故事例の情報が送られてくる仕組みになっています（危害情報システム）。これらの情報は、国民生活センターで整理・分析の上、必要に応じて、マスコミ等に発表するとともに、「たしかな目」「国民生活」「生活行

政情報」「国民生活研究」「くらしの豆知識」「消費生活年報」等の出版物により消費者に提供されています。また、国民生活センターのホームページでもこれらの情報の一部は見やすく整理されており、適宜検索して見ることができます（http://www.kokusen.go.jp）。さらに、国民生活センターの情報資料室には誰でも入室でき、置かれている情報を閲覧することができます。

　市民から国民生活センターに対し、直接ＰＩＯ―ＮＥＴ情報等の開示請求をした場合、同センターでは、メーカー等事業者名・商品名を含む個別事例については開示に応じてきませんでした。ただし、情報の利用目的を明記して請求を行えば、事業者名、商品名ならびに相談者が特定されうる情報を除いて統計処理をした情報および代表的事例数例の回答は可能との扱いでした。

　この他、国民生活センターでは、国会、政党、中央省庁、裁判所、警察、弁護士会からの照会に対し、情報提供しています。なお、裁判所の調査嘱託、弁護士法23条の２に基づく照会に対し、事故や苦情等事案の概要も含めて回答するほか、被告企業分については事故品の型式等も開示される時期もありましたが、その後は、統計処理をした数値（総件数、年度別、年齢別、性別、被害態様別件数等）しか回答されない状況が続いていました。

　その後、同センターでは、2000年４月１日国民生活センター情報提供規定を定め、同年６月１日付で実施しているとのことです（消費者法ニュース44号81頁参照）。この規定によると、総則規定としては情報公開法と同等の開示を定めていますが、一般からの照会に対しては、原則として公表した情報の範囲で回答するとしています。ただ、法令の規定に基づく照会、国の行政機関等から依頼を受けた内閣府からの照会、地方公共団体からの照会に対しては、未確認情報についても事業者を特定する情報を含めて回答することができる旨を定めています。まだまだ不十分な点も否めませんが、今後、特殊法人等情報公開法が制定・施行された場合、国民生活センターも当然含まれることになりますので、同法を使ってより多くの情報を取り寄せるよう市民の側でも積極的に活動をしていくべきでしょう。

〔5〕 PRTR（環境汚染物質排出・移動登録制度）

PRTRとは

　PRTRとは、（Pollutant Release and Transfer Register）の略称で、環境汚染のおそれのある化学物質がどのような排出源からどの程度環境中に排出されているか、また廃棄物となっているのかというデータをまとめたものです。日本でも水俣病は触媒として水銀を使用していたチッソ水俣工場アセトアルデヒド工程からの廃水がそのまま水俣湾に流されたことによってもたらされた有機水銀中毒でした。インドのボパールでの化学物質の事故などをきっかけとして、アメリカでTRI（有害物質排出目録制度）がつくられたのが、このような制度の始まりといわれています。

　PRTR制度の一般的な仕組みは、化学物質を作ったり使ったりしている事業者が、その保管、使用、廃棄など移動の状況を行政に報告し、そのデータを行政、事業者、市民が共有できるように公表するというものです。ダイオキシンの発ガン性や催奇形性はよく知られていますが、いわゆる環境ホルモンの1つにも数えられています。環境ホルモンの人や動物への生殖機能などへの影響の解明はこれからですが、すでに南極などでも検出されています。

　地球規模での取組みの必要性から、1996年2月に世界の先進工業国の集まりであるOECDが加盟国にPRTRの導入を勧告し、3年後に取り組み状況を報告することを指示しました。アメリカ、オランダ、カナダ、イギリス、韓国などで法律に基づきPRTR制度がもうけられ、環境省・庁がデータを管理し、事業者や市民に提供して共有するシステムが始まっています。

日本版PRTR制度の概要

　日本でも1999年に、「特定化学物質の環境への排出量の把握等及び管理の改善の促進に関する法律」（日本版PRTR法）が制定され、2000年3月30日に施行されました。報告対象となる第1種指定化学物質（環境への排出量の届出等および安全性データシート（MSDS）の提出が必要）として、2000

年3月、ダイオキシン類やトリクロロエチレン、CFC、HCFCなどオゾン層を破壊するフロン類等354物質が政令で指定され、MSDSのみの提出が必要な第2種指定化学物質は81物質指定されました。MSDS（Material Safety Data Sheet）とは、化学物質の名称、有害性、取扱上の注意等について、ISOの国際規格に基づく様式をいいます。

対象とされている事業所も政令で指定されていますが、金属鉱業や製造業だけでなく、自動車整備業、ごみ処分業、高等教育機関など広範で、事業所単位で年間の第1種指定化学物質の摂取量が1t（発ガン物質は0.5t）以上となっています。日本では環境省に届け出るのではなく、それぞれの業種の所轄官庁に、事業所毎、物質毎に毎年排出量、移動量（廃棄物処理業者に引き渡した量）を届け出ることになりました。

所轄官庁に届け出られた情報は、所轄庁から経済産業省と環境省に通知され、事業所毎、物質毎に電子計算機に入力されます。環境大臣と経済産業大臣は、主務大臣と都道府県知事に所管の事業や区域内の事業所に関する情報を集計して通知し、公表します（第8条4項）。ただし、営業秘密にかかると主務大臣が判断した場合は、物質名ではなく、分類名でしか環境省には通知されません（第6条）。主務大臣は事業者や市民からの開示請求に対して開示する（第11条）ことになっています。

日本版PRTR制度の問題点

しかし、日本のPRTR法には多くの問題があります。まず、対象化学物質の人体への影響が相当程度確認されているものに限定されており、ここにも後追い行政の悪弊が残っています。OECD勧告での制度構築の原則では、「すべての環境媒体に対し、潜在的に有害な排出量及び移動量を特定することにより、人と環境に影響を与え得るリスクの同定と評価に活用されるデータ」の提供を求めています。

また、PRTR法で独自の情報開示制度を取り入れましたが、企業秘密を理由にデータの公開が限定されたものになっており、情報公開に制限的な特例措置を認めたことになっています。事業者が主務官庁に届け出るに際して、「秘密として管理されている生産方法その他の事業活動に有用な技術上の

情報であって公然と知られていないものに該当する」として、化学物質名ではなく、その化学物質に対応する省令で定める分類名で環境省に通知することを求めることを認めている点です。事業者は主務大臣に営業秘密にかかるとの理由を付して物質名で届け出て、そこで審査のうえ、企業秘密にあたると判断されたときは分類名で通知されることになります。企業秘密に属するかどうかの判断を環境大臣ではなく産業育成の主務大臣に委ね、この場合は、環境省には分類名でしか報告されていませんので、物質名は公開されえません。事業者は主務官庁には物質名で届け出ており、主務官庁は物質名でのデータを保有していますが、情報公開法による公開請求を行っても、企業秘密を理由に開示されない扱いになるものと思われます。非公開決定に対して訴訟でその取消を求めることは、インカメラ手続が利用できないことから、実質的には大変難しいでしょう。主務官庁毎に企業秘密の解釈が異なったり、企業秘密が拡大解釈され、被害が具体的に発生してから対策をとるという従来の対応が繰り返されることが懸念されます。

〔6〕 民事訴訟法における情報収集制度

はじめに

　民事訴訟法においても、裁判を行うについての情報及び証拠を収集するための制度が定められています。これらの制度は、もちろん民事訴訟及び裁判を適正、迅速に行い、公正な紛争解決をするための制度ですが、情報収集という観点からみると、民事訴訟という手続における情報収集制度ということができます。そこで、これらの制度につき、主だったものを紹介することとします。

主な情報収集制度

　民事訴訟における情報収集制度としては、1998年1月1日から施行された改正民事訴訟法（現行法）で新たに取り入れられた、訴訟の相手方に情報の開示を請求できる当事者照会制度や、同じく今回の改正でその対象範囲が大きく広がった文書提出命令の制度があります。そのほか、従来からあった証

拠保全、調査嘱託、鑑定嘱託、文書送付嘱託、検証物送付嘱託、鑑定などの制度もあります。また、証人や相手方からそれまで知らなかった事実が述べられるという点でやはり情報収集制度といえる証人尋問、当事者本人尋問といった制度もあります。ここでは、民事訴訟における主な情報収集制度として、当事者照会制度、文書提出命令制度及び証拠保全制度を中心にみてみることにします。

また、直接民事訴訟法に規定されているわけではありませんが、弁護士によって利用されるものとして弁護士法23条の2に基づく照会制度があります。この制度は、弁護士法に基づくものですが、訴え提起前でも利用することができ、近時多くの事件で活用されていますので、ここであわせて触れておくことにします。

①当事者照会制度（民事訴訟法163条、同規則84条）
1）制度の趣旨、内容

当事者照会制度は、今回の民事訴訟法の改正により、米国の証拠開示制度（ディスカバリー）の1つである質問書制度（インターロガトリー）を参考に情報収集手段として導入されたものです。

この制度により、訴訟の当事者は、訴訟の係属中に、相手方に対して、裁判での自分の主張や立証を準備するための必要な事項について、書面で回答するよう、照会をすることができます。回答のため相当の期間を定めて、書面で行うことが必要です。一方の当事者が知っている知識、情報をお互いに開示しあい、早期に事件に関する情報を、当事者双方つまり原告と被告の共通のものとして、裁判で判断がなされるべき本当の争点を早い時期に絞り込もうというものです。具体的、個別的でない照会や相手を侮辱したり、困惑させるような照会等、相手方に回答を求めることができない一定の例外はありますが、照会を受けた相手方は、その照会に対し書面で回答をすべき義務があります。

2）制度の運用状況

改正民事訴訟法が施行されて3年程が経過しましたが、当事者照会制度は、まだ充分活用されているとはいえません。また、回答が法律上の義務だとはいうものの、都合の悪い事実は回答せず、「今後必要に応じ準備書面で明

らかにする」といった抽象的な回答をして済ませてしまっているものがほとんどのようです。これでは、早期に真の争点を確定させて、集中した証拠調べの審理に入ることはできません。そのため、本来争点にしなくてよいような点までを含めて証拠調べや裁判所の判断がなされているのが実状です。

3）制度の問題点と改善点

なぜ当事者照会制度はうまく機能していないのでしょうか。その原因の1つは、回答することが法的義務であるとはいうものの、違反した場合の制裁が全くないこと、2つ目は、この制度は裁判所とは関係なく当事者間で行うべき制度であり、裁判所はタッチしない（と裁判所が考えている）ことにあります。一方だけにかたよっている情報が開示されて、早い時期に双方に共通の認識が形成されれば、早期に本当の争点の整理ができ、集中した証拠調べができることになるのですから、弁護士会などで回答すべき内容のガイドラインを作るとか、裁判所も自分とは無関係だなどとはいわずに、回答すべき点に回答しない場合などは、そのことを事実認定の際に弁論の全趣旨として心証に反映させるといったことが行われるべきでしょう。さらにもっとこの制度が活用されるように根本的に改善されるためには、法改正をして回答をしないものに法的な不利益を課すことが定められてもよいと思われます。

②文書提出命令

1）民事訴訟法の改正で文書提出命令はどのように変わったのか

民事裁判で、裁判の審理に必要な文書の所持者が文書の提出義務を負っているのに任意に文書を提出しない場合、裁判所から文書提出命令が出されます。この命令に応じないときは法的な不利益が課せられます。しかし、これまでは民事訴訟法上、文書の所持者が文書提出義務を負う場合は極めて限られていました。その理由は、文書の所有者が、自己に所有権があるのに、これを相手方に利用させなければならないのはどういう場合か、という文書の所有権の制限という観点から考えられていたからです。このため、文書の種類や性質によって制限されていたのです。

しかし、今回の民事訴訟法の改正では、このような制限が外されました。審理に必要な場合には、一定の例外を除いて、文書は一般的に提出しなければならないものとされました。したがって、文書提出義務の例外に当たる場

合を除き、文書の種類、性質による区別をすることなく文書提出命令の対象とされることになったのです。

なお、文書提出命令については、これに違反した場合や文書の使用を妨害した場合の不利益も従来よりも厳しいものとなりました。当事者が文書提出命令に従わない場合や文書の使用を妨害した場合には、これまでは裁判所が文書に記載されている内容についての相手方の主張を真実と認めることができるだけでした。文書提出命令が出されるときは、その記載内容がわからずに問題になっているのですから、違反した場合の不利益は小さなものでした。しかし、今度の改正では、一定の要件の下に、裁判所が、その文書により証明しようとしていた事実（金を貸した事実や過失といった事実）を真実と認めることができるようになったのです。

2）文書提出義務の除外事由（民事訴訟法220条4号イないしハ）

このように、文書提出命令が発せられる前提としての文書提出義務は一般義務化され、広がりました。しかし、文書提出義務が一般義務化されたとはいえ、例外に当たらない場合ということですので、この例外をどのように解するかが、非常に重要な問題となります。

例外としては大きく分けますと、2種類あります。1つは、4号のイ、ロとして規定されていますが、証人として証言拒絶が認められる場合には文書提出義務についても例外とされました。2つ目は、同号ハの「専ら文書の所持者の利用に供するための文書」で、自己使用文書とか内部文書とか呼ばれているものです。

この内、特に問題となるのはハの自己使用文書です。

a　自己使用文書（内部文書）

最も問題なのは、「専ら文書の所持者の利用に供するための文書」、すなわち自己使用文書とは何かです。この内容をどう捉えるかによって文書提出義務の範囲が大きく異なってくるからです。民事訴訟法の改正前には、「当該文書は、自己使用文書に当たるから文書提出義務はない」などとして、自己使用文書という言葉は、文書提出義務に当たらないことを指す場合として、判例などで枕詞のように使われてきました。

文言が同じだからこれまでと一緒だということでは、文書提出義務の範囲

が一般義務化されたとはいっても、これまでより広くはならなかった、ということになってしまいます。さすがにここまで例外を広く解する説はあまりありません。適正な裁判がなされることは極めて重要な価値があること、製造物事件訴訟や医療過誤訴訟など多くの訴訟事件で証拠が偏在していること、これまで文書提出義務の制限の根拠とされた文書の所有権に関しても、文書提出命令は、文書すなわち紙自体の所有権が問題なのではなく、そこに書かれている情報そのものの問題であること、改正民事訴訟法も提出される書証の範囲を広げるために文書提出義務を一般義務化したこと等からすれば、ここでいう自己使用文書とは、個人的な日記など極めて限られた範囲に限定されるべきです。

b　判例

自己使用文書をどうみるかについては、民事訴訟法が改正、施行された後、銀行の稟議書をめぐって判例に変遷がありました。

まず、東京高裁平成 10 年 10 月 5 日決定、大阪高裁平成 11 年 2 月 6 日決定があります。この決定は、銀行の稟議書は、法律関係文書に該当し、文書提出義務があるとし、また、自己使用文書にはあたらないとして文書提出命令を認めました。次に東京高裁平成 10 年 11 月 24 日決定は、正面から、銀行の稟議書は、自己使用文書にあたらないとしてやはり文書提出命令を認めました。

しかし、その後出された最高裁平成 11 年 11 月 12 日決定は、これらの決定とは異なり、銀行の貸出稟議書は、特段の事情のない限り、文書提出命令の例外である自己使用文書にあたるとしました。その理由は、貸出稟議書は、専ら銀行内部の利用に供する目的で作成され、外部に開示することが予定されていない文書であって、開示されると銀行内部における自由な意見の表明に支障を来し銀行の自由な意思形成が阻害されるというのです。

この最高裁の決定後は、下級審において、稟議書等について、自己使用文書に当たるとして文書提出命令の申立を却下する例が続いています。しかし、その後、最高裁によって、文書提出命令の申立を却下した高裁決定を認めず、この決定を破棄して審理を差し戻すという決定もなされてきています。最高裁平成 12 年 3 月 10 日決定です。この決定は、抗告人が購入した電

話機器が通話不良になる瑕疵があるとして、不法行為による損害賠償を求めている本案について、瑕疵を立証するため本件機器の回路図および信号流れ図につき、文書提出命令の申立をなしたところ、原審が本件文書は自己使用文書にあたるとして、その申立を却下したのに対し、「その具体的内容に照らし、開示によって所持者の側に看過し難い不利益が生じるおそれがあるかどうかについて具体的に判断していない」として原決定を破棄し、原審に差し戻したものです。

前記平成11年最高裁の決定でも、銀行の稟議書も、特段の事情が認められれば文書提出命令の対象になるとしているのですから、事案によっては文書提出命令の対象となります。また、前記平成12年最高裁の決定は、文書提出義務の除外事由を抽象的、曖昧に解して文書提出命令を認めなかった高裁決定を破棄し、例外規定に対し厳格な態度を示そうとしています。

3）公務秘密文書の取扱

公務員または公務員であった者がその職務に関し保管し、または所持する文書（公務秘密文書）については、改正案が、私人の文書の提出義務と比べて、その対象が制限的で、また、その判断についても、裁判所の関与の程度が異なるなど、取扱が不公平であるとして批判され、改正が留保されました。情報公開制度の検討をまって、必要な措置がなされることになったのです。その後、情報公開法は成立しましたが、なお現在、民事訴訟法の公務秘密文書の提出義務についての改正作業は進められているところです。その中で少年記録、刑事記録を一律除外することの問題性が議論されています。

③証拠保全（民事訴訟法第234条）

1）制度の趣旨、内容

証拠保全とは、訴えの提起前など（提起後であっても証拠調べ前）に、本来の裁判での証拠調べの時期まで待っていたのでは、証拠調べができなくなるか、困難になる事情がある場合に、特定の証拠を予め調べておき、後の裁判での事実認定に役立てる証拠調べの手続です。

2）運用状況—医療過誤事件などでの運用

証拠保全は、証拠の保全としてなされるものですが、医療過誤事件などでは、カルテ等の診療記録に対する証拠保全は、医療過誤があったのかなかっ

たのか、どのような医療過誤があったのかを判断するうえでの証拠開示機能を果たしています。製造物責任訴訟等の証拠偏在型の事件においても、証拠が改竄、破棄されたりすると真実の発見は困難となるのですから、医療過誤事件だけでなく、その他の証拠偏在型の事件でもその利用がなされてしかるべきです。

その他の民事訴訟法上の情報収集制度

そのほかの民事訴訟法上の情報収集制度としては次のものがあります。①調査嘱託（民事訴訟法186条）――この手続は、裁判所が官公署、外国の官公署、学校、商工会議所、取引所、会社、研究所など公私の団体に対し、裁判に必要な事実の調査を依頼する手続です。対象は公私の団体ですので、一般の人（自然人）は対象とはされません。調査の嘱託に応じることは、義務だと解されており、気象台に対する気象情報の調査、商品取引所に対する取引価格の調査、商工会議所や銀行に対する取引慣習の内容の調査など様々なケースで利用されています。②鑑定嘱託（同法218条）――この手続は、ビル建設工事による広範囲の地盤不等沈下の被害の鑑定や大規模なビルの欠陥部分の鑑定など、個人の鑑定によるのではなく、また高度の学識経験だけでなく、機械その他の設備を利用したり、複数の専門家の共同作業を必要とする場合に行われるもので、裁判所から官公署、外国の官公署のほか、相当の設備ある法人に鑑定の嘱託をする手続です。③文書送付嘱託（同法226条）――文書の所持者の協力が得られ、その任意の提出が期待できる場合にとられる手続で、文書提出義務の存否に関わらず申立ができる手続です。④検証物送付嘱託（同法232条、226条）――検証の申し出があり、必要な場合に裁判所が検証物の所持者に送付の嘱託を行う手続です。⑤鑑定（同法第4章）――専門的な事項について裁判官の判断能力を補充するものとして、専門家に専門的知識や意見を報告させる手続です。⑥証人尋問（同法第3章第2節）――裁判での争点について、当事者ではない第三者が過去の経験した事実を裁判所で口頭で報告する手続です。⑦当事者本人尋問（同法第3章第3節）――当事者が経験した事実を裁判所で口頭で報告する手続です。

弁護士法に基づく照会制度（弁護士法23条の2）

　このほか、民事訴訟法に基づく制度ではありませんが、民事訴訟でも多く利用される情報収集制度として弁護士照会制度があります。この制度は、弁護士が受任事件（民事事件でも刑事事件でもよい）について訴訟を行ううえで必要な事項を調査し、またこれを裏付ける証拠を発見収集するための弁護士による裁判外の情報収集手段です。訴訟を提起していなくても利用することができます。その方法は、弁護士が、具体的受任事件について、弁護士の所属している弁護士会に対して、弁護士会から特定の市町村などの公務所や公私の団体に対して必要な事項についての報告を求める照会を出すことを求める照会申し出を行います。この申し出を受けた弁護士会は、その申し出の適否を審査して、公務所などの照会先に照会をします。そして弁護士会はその回答を得るとこれを照会申し出人である弁護士に通知をするというものです。

　照会を受けた公務所や公私の団体は、強制力はありませんが、この照会に回答することは義務だとされています。市町村の消防署に火災原因を照会したり、公安委員会に風営法の許可の内容を照会したり、保健所に飲食店の営業主体の照会をしたり、都道府県建築指導事務所に建築主の氏名を照会したりするなど、情報の収集に広く活用されています。

〔7〕　審議会情報

　政治や行政に対する国民の不信を取り除くには、政策決定過程の情報公開が不可欠です。そのために、行政情報の公開制度だけでなく、会議の公開制度が必要です。情報公開法では行政内部の意志決定過程の情報については、率直な意見の交換や意思決定の中立性が損なわれるとか、国民の間に混乱を生じさせるなどを理由に（法第5条5号参照）非開示とされるおそれがあります。しかし、審議会など途中の議論が公開されれば、意思決定過程が大幅に開示されることになります。アメリカでも、情報公開法が制定された直後にサンシャイン法が制定され、議会や独立行政委員会なども含め、すべての会議が原則公開とされ、官報で事前に会議と議題が通知されています。日本

にはこのような会議公開の制度がまだありません。国会の傍聴にも議員の紹介が必要で、ぶらりと行って傍聴することはできません。

日本では行政が政策決定のほとんどを行っており、官僚国家といわれていますが、その隠れ蓑として重用されているのが、学者、利害関係団体、行政ОB官僚たちで構成される審議会です。そこに市民や消費者代表として1、2名の委員が加えらることがあっても、短い審議時間のほとんどを行政側が準備した資料の説明で費やされ、委員からは思いつき的意見が出されるに過ぎず、行政のお墨付き機関と揶揄されてきました。

ようやく、審議会等の運営に関する指針として、会議または議事録を速やかに公開することを原則とするという閣議決定にもとづき、審議会の公開が進んでおり、詳しい議事録が公開されることも多くなりました。しかし、法制審議会や警察刷新会議など、重要な会議は公開されていません。また、政府の審議会は大所帯でテーマも多岐にわたることが多く、実質的な審議は部会やワーキンググループで行われたり、審議会を開く前に研究会などの名前で非公開で行われ、これらが審議会公開を決めた閣議決定の抜け穴となっています。また、こうした会議自体の公開ではなく後日に議事録で公開されることと、会議そのものが公開されることとは、委員の自覚においても、市民の監視や参加の意識からも大きく異なります。会議の公開を進める会議公開法や条例が必要です。

また、会議公開を生かすためには、市民が参加することが必要です。せっかく公開された会議を傍聴しているのは企業や行政の他の府省庁関係者だけということにならないためには、日頃からそのテーマに取り組んでいるNGOがいて、しっかりフォローできることが不可欠になります。アメリカでは、地域の自治体レベルでは市民が会議に参加して発言できるようになっています。

審議会の開催、議事録などは、府省のホームページや審議会のホームページに掲載されています。

例　〔環境省審議会資料〕　　http://www.env.go.jp/council/index.html
　　〔環境省報道発表資料〕　http://www.env.go.jp/press/index.html

第4章　アメリカの情報自由法の利用の仕方

〔1〕　アメリカの情報公開制度に学ぶ

アメリカの情報公開制度は1つのお手本

　市民のための情報公開制度といえるためには、3つのポイントがあります。

　第1は、請求してはじめて公開されるのでなく、市民に必要な情報は行政が自発的に公開すること、第2は、手続が簡単で費用も安く市民にとって利用しやすい情報公開制度であること、第3は、これらを実現できる強力な情報公開法があることです。

　アメリカでは、これら3つのポイントをひととおり実現しているといえましょう。

　アメリカの情報公開制度を知ることは、アメリカの情報を入手するだけでなく、日本の情報公開制度のあり方を学ぶことにもなります。

電子情報化社会に対応するアメリカ

　情報公開制度の本来の姿は、市民が請求してはじめて、いやいや公開されるのでなく、市民にとって必要な情報は、請求されるまでもなく、政府が自発的に公開すべきものです。アメリカでは、行政機関によりかなり前から電子情報によるデータベース化が実施され、電子情報のまま公開されています。たとえばFDA（食品医薬品局）では、電子伝達ボード（Electronic Bulletin Boad）を常設しています。これにコンピュータでアクセスすると、欠陥医薬品の回収、訴訟に関するFDA取締り報告書のリスト、医薬品及び医療機器の承認、治験薬に関する情報などを簡単に手に入れることができま

す。その他の行政機関も基本的な情報をデータベース化して公開しています。

また一般市民のために、政府情報を市民が使いやすいようにデータベースを作成したり検索サービスを行う営利、非営利の民間団体もたくさんあります。OMB WATCH（オーエムビー・ウォッチ）というＮＰＯがありますが、ここのＲＴＫ（Right to Know）というコンピュータネットに接続すると、ＥＰＡ（環境保護庁）がもつ有害な化学物質の排出に関する情報などが、市民にわかりやすく無料で提供されています。その他にも、政治の不正を追及する Judicial Watch（ジュディシャル・ウォッチ）、市民の情報公開請求を支援する Public Citizen（パブリックシチズン）など、情報公開に関する市民団体、ＮＰＯがたくさん活躍しています。

〔2〕 アメリカの情報自由法とは何か？

情報公開法のことを、アメリカでは「情報自由法（ＦＯＩＡ）」と呼びます。これは法律の呼び名である Freedom of Information Act の頭文字をとったもので、1966年に成立し、翌1967年の独立記念日から施行されました。合衆国法典第5編552条修正法として規定されています。この法律によって、アメリカ国民だけでなく、全世界の人々が世界の各地からアメリカ政府の情報の公開を広く求めることができるようになりました。

たとえばＨＩＶの情報やヤコブ病の情報など、被害者は日本の厚生労働省が公開しないので、ＦＯＩＡを使ってアメリカから情報を輸入しているのです。

なおＦＯＩＡについてわかりやすく解説したものに、近畿弁護士会連合会編『開かれた政府を求めて』、日本弁護士連合会編『アメリカ情報公開の現場から』などがありますので参考にするとよいでしょう（いずれも花伝社）。

また、ＦＯＩＡの利用の仕方については、インターネットで Freedom of Information Act Help Center のホームページを見るとよいでしょう。アドレスは、http://www.parascope.com/foia/guide.htm です。

ＦＯＩＡには、次の特色があります。

徹底した情報公開を実現

①自動的公開原則（automatic disclosure）

ＦＯＩＡは、行政機関の最終的意見、命令、政策声明、解釈など一定の情報については、市民からの請求を受けるまでもなく政府が自ら進んで公開することを義務づけています。これを自動的公開原則といいます。

画期的なことは、数回公開請求を受けた情報は、今後とも公開請求がある可能性が高いとして、これを閲覧室（reading room）に置いて、それ以降はＦＯＩＡ請求でなく、閲覧室での閲覧ないしインターネットによるアクセスができるようにしたことです。これによって重複した情報公開請求の件数を減らし、必要な情報公開請求に労力をさくことができるようになります。

②原則公開

ＦＯＩＡは、原則公開としつつ、例外として9つのexemption（適用除外事由）と3つのexclusion（イクスクルージョン）を規定していますが、それらは拡大解釈されないよう厳格に運用されています。しかも行政機関の方に非公開の正当性を証明することを義務づけられていますので、行政機関がこれを証明しない以上、情報は公開されます。

exemption（適用除外事由）は情報が存在することを前提として特別の理由により公開を拒否するものであり、exclusion（イクスクルージョン）は情報があってもなくても、「請求にかかる情報は存在しない」と答えるものです。

＜9つのexemption＞
　i　大統領命令によって定められた基準に基づき、国防または外交政策のために秘密にしておくことが特に認められ、かつ大統領命令に従い、実質に秘密指定が正当に行われている情報
　ii　専ら行政機関内部の人事規則及び慣行に関する情報
　iii　制定法によって特に開示が免除されている一定の情報
　iv　営業上の秘密（トレードシークレット）や第三者から得られたもので、秘匿権が認められ、または秘密に属する商業上または金融上の情報

v　行政機関との訴訟で、行政機関以外の当事者が法律により利用することができない行政機関相互間または行政機関内部の覚書もしくは書簡類の情報

vi　開示することによって、個人のプライバシーに対する明らかに不当な侵害になる人事ないしは医療あるいはこれに類する書類の情報

vii　法執行手続を妨害すると合理的に予見される情報、個人のプライバシーに対する不当な侵害になると合理的に予期されうる情報、その他一定の法執行の目的で収集された記録や情報

viii　金融機関の規制監督に関連する一定の情報

ix　油井に関する地質学および地球物理学上の情報およびデータ

＜3つの exclusion＞
i　継続中の刑事捜査に関する一定の記録
ii　情報提供者に関する一定の記録
iii　国家秘密として秘密指定された外国における諜報活動や国際テロリズムの捜査に関するFBIの一定の記録

　最近のデータでは、ＦＯＩＡの請求は年間60万件ほどで、その内、ＦＤＡ（食品・医薬品局）、ＥＰＡ（環境保護庁）、ＤＯＪ（司法省）などに対する請求が多くなされています。

　年間の公開拒否件数が7万件余りで、これに対する不服申立件数が1万件余、訴訟受理件数が300件余です。このようにＦＯＩＡが年間60万件もの利用がされていること自体、いかにＦＯＩＡがアメリカにおいて高く評価され、定着しているかがわかります。

　③電子情報による公開

　これらの情報が、電子情報化されインターネットでも利用できるように改善されました。海外から誰でも簡単にアメリカ政府の情報を手に入れることができるのです。

　電子情報自由法改正法(Electronic Freedom of Information Act Amendments of 1996)が1997年3月から施行されました。これをＥＦＯＩＡ（イー

フォイア）と呼んでいます。情報を電子情報化して、電子情報の形態で公開するようになりました。

　ＥＦＯＩＡの骨子は、ａ電子情報を電子情報のまま公開することにより、より早く、より安く、より利用者のニーズに応じた情報公開を実現することと、ｂ公開請求の処理手続を効率化したことです。

　利用者は、電子情報を電子情報のまま取得できるようになりました。これにより公開請求の手数料が大幅に安くなるばかりか、利用目的に応じて、検索・分析などが飛躍的に容易になります。また情報の態様・形式が行政機関によって容易に変換可能な場合であれば、利用者は自分の希望する情報の態様・形式での公開を受けることを請求できるようになりました。これまでのＦＯＩＡで自動的公開義務が課せられていた行政機関の最終的意見・命令、政策声明・解釈などの情報を、1999年末までにコンピュータ通信手段により利用できることが政府に義務づけられました。さらに1996年11月1日以降に作成された行政機関の最終的意見などは1年以内にコンピュータ通信手段その他の電子媒体によって利用できるようにしなければならないとされました。これによって過去の情報も電子情報の形で利用できます。

　④不当に非開示処分をした職員に対する懲罰処分

　行政機関の職員が不当に非開示決定をした場合、懲戒処分をすることができます。また裁判所の命令に従わない職員を法廷侮辱罪で処罰する規定もあります。個々の担当官の責任の所在を明確にすることにより、より徹底した情報公開を実現しようとしているのです。

とても利用しやすい制度

　ＦＯＩＡの特色の２番目は、市民の利用の便宜を十分配慮している点です。そもそも情報公開法は、誰でも簡単で手軽に利用できてはじめて制度本来の意味があります。

　①誰でも利用できる

　利用者を一切制限していません。アメリカ国籍をもつ人はもちろん、世界中の誰でも利用できます。また世界中のどこからでも請求できます。

　②請求手続は簡単

郵送でもＦＡＸでもできます。わざわざ窓口に出向く必要はありません。近い将来、Ｅメールでも請求できるようになるでしょう。

③手数料の減免

手数料は実費を基本とし、公開請求が公益的な目的の場合は、減額や免除されます。

④電子情報自由法改正法（Electronic Freedom of Information Act Amendments of 1996）が1997年3月から施行され、情報を電子情報化して、電子情報の形態で公開するようになりました。たとえばフロッピーディスクで管理されている情報をそのディスクを複写したものを受け取ることができますので、とても安いし利用もしやすくなります。

司法的救済制度が整備

請求した情報が、開示されなかった場合、最終的には裁判によって公開・非公開が決せられることになりますが、ＦＯＩＡは、次のように司法的救済制度を整備しています。

① 裁判の管轄

請求者は、公開請求の裁判を自分の住んでいるところの裁判所でも起こすことができます。

②立証責任

ＦＯＩＡは、非開示理由に関する立証責任を行政機関が負担することを規定しています。ＦＯＩＡ訴訟では、行政機関が情報を一方的にもっていますので立証責任を負うことは当然のことといえます。

③ヴォーン・インデックス

裁判所は、行政機関に対し、非開示とした理由を詳しく説明した書面の提出を要求できます。行政機関は、非開示にした箇所ごとに、その理由を明らかにしなければなりません。これによって原告は、行政機関のした非開示の不当性を具体的に指摘することが可能になります。この書面のことをアメリカではVaughn Index（ヴォーン・インデックス）と呼んでいます。ちなみに「Vaughn（ヴォーン）」とは、このような方式を裁判所が最初に採用したときの原告となった人のロバート・ヴォーン氏の名前からきています。

ＦＯＩＡ訴訟では、非開示決定された情報そのものが訴訟の対象です。情報そのものを証拠として提出すると非開示にした意味がなくなりますので、その情報を原告に見える形で証拠として提出することができません。ここがＦＯＩＡ訴訟の特色であり、一般の裁判と違った難しいところなのです。非開示事由の立証責任はあくまで行政機関の側に課せられています。そこで裁判所は行政機関に対し、開示することによって生ずる障害と非開示の正当性を、非開示にした箇所ごとに説明した文書を提出させます。これがヴォーン・インデックスです。

　わが国の情報公開法では、裁判上のヴォーン・インデックスが規定されていませんが、当事者照会制度を活用したり、求釈明の申立をすることによりヴォーン・インデックスと同様のことを要求することができます。

　④インカメラ手続

　裁判所は、公開請求されている情報そのものを、原告側を立ち会わせないで、直接裁判官室で見ることができます。これを in camera inspection（インカメラ審理）といいます。ここで「camera」とは、裁判官室の意味です。この手続によって、行政機関の提出したヴォーン・インデックスの正確性や、請求された情報の非開示の正当性を、裁判官が直接、情報の本物を見て判断することができるのです。

　ＦＯＩＡは、裁判手続の中でインカメラ審理することを規定しています。

　わが国の情報公開法では、裁判上のインカメラ手続は採用されませんでしたが、今後の検討課題とされています。

　⑤弁護士費用その他の裁判費用

　請求者が公開請求の裁判をして勝ったときは、弁護士費用と裁判費用を政府に払わせることができます。ＦＯＩＡは、裁判所は、原告が勝訴した訴訟の合理的な弁護士費用および合理的に生じたその他の訴訟費用を合衆国に負担させることができると規定しています。ＦＯＩＡ訴訟は、一般の行政裁判ほど難しくはありませんが、弁護士に依頼するにこしたことはありません。また交通費とか書類作成費など裁判にかかる実費も馬鹿になりません。不当な非開示決定を許さないためにも、裁判に要した弁護士費用とその他の裁判費用を行政側に負担させることが重要です。

わが国の情報公開法では、この点の配慮がなされていませんが、今後の検討課題とすべきです。

〔3〕 FOIA利用の手引き

それでは、具体的にどのようにFOIAを利用するかについて説明します。

アメリカの各行政機関は、情報公開請求の方法についてインターネットなどでも案内しています。FDAの場合、http://www.fda.gov/opacom/backgrounders/foiahand.html です。

誰が請求できるか？（請求権者）

FOIAは、アメリカ国民に限らず、誰でも請求できます。したがってアメリカ人はもちろんのこと、アメリカに住む日本人も、日本に住む日本人も、要するに世界中の誰でも、どこからでも請求できます。

誰に対して請求できるか？（対象実施機関）

FOIAは、その対象となる機関について、行政機関の外に、連邦政府法人と連邦政府の規制を受ける法人（Goverment cntrolled corporation）も対象に含めており、多数の政府関係法人がFOIAの対象となっています。

請求手続

請求書に必要事項を記載して提出するだけです。郵便やファクシミリの請求も受理されます。

公開の期限

行政機関は、請求を受けた日から20日（土・日、法定休日を除く）以内に開示するかどうか（一部公開を含む）を決定して、請求人に通知しなければなりません。ただし期限内に公開されないことが通常です。行政機関が期限

第4章　アメリカの情報自由法の利用の仕方　61

ＦＤＡのホームページ

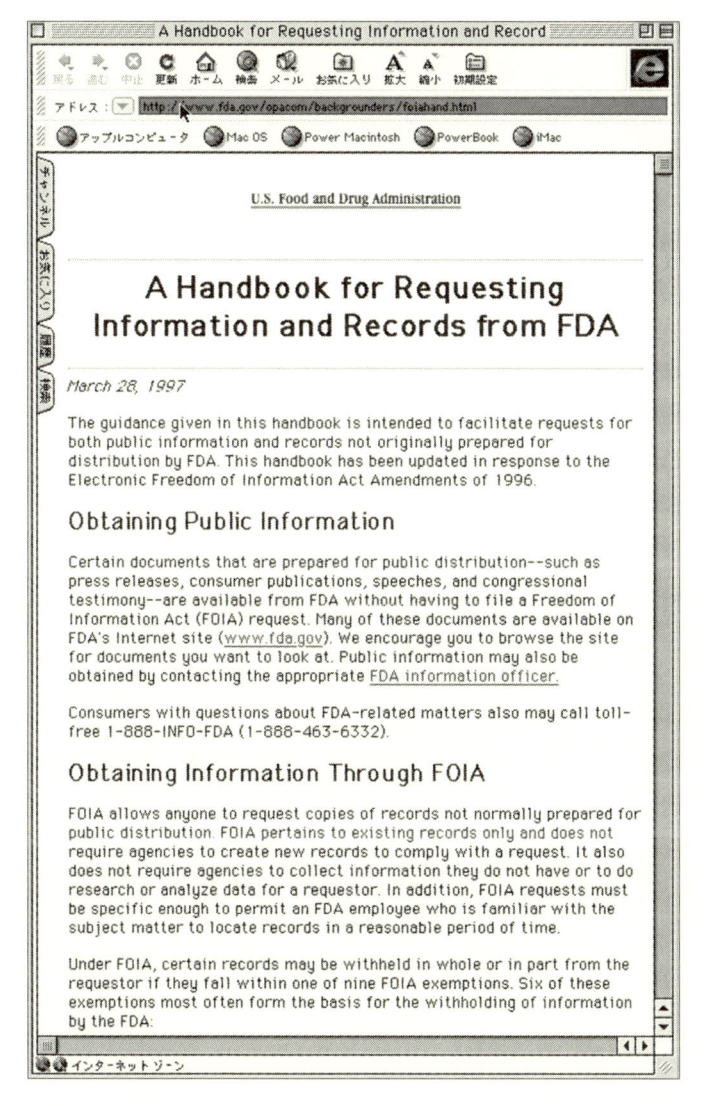

U.S. Food and Drug Administration

A Handbook for Requesting Information and Records from FDA

March 28, 1997

The guidance given in this handbook is intended to facilitate requests for both public information and records not originally prepared for distribution by FDA. This handbook has been updated in response to the Electronic Freedom of Information Act Amendments of 1996.

Obtaining Public Information

Certain documents that are prepared for public distribution--such as press releases, consumer publications, speeches, and congressional testimony--are available from FDA without having to file a Freedom of Information Act (FOIA) request. Many of these documents are available on FDA's Internet site (www.fda.gov). We encourage you to browse the site for documents you want to look at. Public information may also be obtained by contacting the appropriate FDA information officer.

Consumers with questions about FDA-related matters also may call toll-free 1-888-INFO-FDA (1-888-463-6332).

Obtaining Information Through FOIA

FOIA allows anyone to request copies of records not normally prepared for public distribution. FOIA pertains to existing records only and does not require agencies to create new records to comply with a request. It also does not require agencies to collect information they do not have or to do research or analyze data for a requestor. In addition, FOIA requests must be specific enough to permit an FDA employee who is familiar with the subject matter to locate records in a reasonable period of time.

Under FOIA, certain records may be withheld in whole or in part from the requestor if they fall within one of nine FOIA exemptions. Six of these exemptions most often form the basis for the withholding of information by the FDA:

http://www.fda.gov/opacom/backgrounders/foiahand.html

内に開示しなかった場合は、不服申立、そして裁判の手続に進みます。

請求書の書き方

　ＦＤＡの請求書のサンプルを紹介しておきます。最低限、請求者の住所、名前、連絡先電話番号、請求日、請求先政府機関名、ＦＯＩＡに基づく請求であること、公開を求める情報の特定、を記載します。請求の目的は特に記載する必要はありませんが、公益的目的であれば費用が減免されますので、その意味では書いておく方がよいでしょう。たとえば「私は日本の環境を監視するＮＰＯの一員であるが、その研究の一環としてＥＰＡが保有する二酸化窒素の環境汚染物質情報の公開を求める」と記載し、活動成果をまとめた機関誌を添えると費用が減免される可能性があります。

　公開を求める情報の範囲を特定する必要があります。特定が曖昧であると、費用が高額になるばかりか、行政機関の開示・非開示の判断に時間がかかり、なかなか開示されないことになります。

　いきなり情報公開請求せずに、文献とかインターネットなどで既に公開されている情報を調査し、それで得られない情報のみを請求すべきです。もし特定の仕方が不十分である場合は、請求を受けた行政機関の方から問い合わせがきますので、それに従って更に特定することになります。

　あなたが負担できる費用の上限を記載しておくとよいでしょう。その金額を超える場合は、その旨を前もって連絡してくれます。

請求の宛先

　請求書を送る宛先は、それぞれの行政機関のＦＯＩＡ事務所ダイレクター宛になります。その住所、電話番号、ファクシミリ番号は、インターネットでも公開されています。

費用

　一番気になる費用の点について、ＦＯＩＡは、次のように定めています。

　まず、料金の設定を、検索、コピー、審査の３段階に分けます。そして情報公開請求する人の分野によって、この３段階の負担が異なります。

第4章　アメリカの情報自由法の利用の仕方　63

ＦＤＡの請求書サンプル

DEPARTMENT OF HEALTH AND HUMAN SERVICES PUBLIC HEALTH SERVICE FOOD AND DRUG ADMINISTRATION **DOCUMENT REQUEST**	IN REPLY REFER TO:	
1. NAME OF REQUESTER		
2. FIRM NAME AND ADDRESS	3. TELEPHONE	4. DATE

COMPLETE THE FOLLOWING AS FULLY AS POSSIBLE

5. DESCRIPTION OF MATERIAL REQUESTED	NUMBER OF PAGES
TOTAL	

6. SPECIAL INSTRUCTIONS

NOTE: Charges will be included in a monthly invoice if your requests total more than $10.00. If your monthly total is LESS than $10.00 the material is FREE.

7. CHARGES:

	Reproduction	$
	Search	$
	Review	$
	Postage	$
	Other	$
	TOTAL →	$

RESPONSE PREPARED BY	8. NAME	9. TELEPHONE	10. MAIL SYMBOL

FORM FDA 2912 (4/90)　　PREVIOUS EDITION IS OBSOLETE.　　*U.S. GPO; 1996-415-175/40142

FDAリクエスト例

〔FOIAリクエスト例〕

October 9, 1995

To:U.S. Consumer Products Safety Commission
　　　Director, FOIA Office
Re:Freedom of Information Act Request - Disposable Cigarette Lighters
From:　Osaka Bar Association, Consumer Safety Committee - Osaka, Japan

Dear Sir or Madam:

Pursuant to the Freedom of Information Act (5 U.S.C. Section 552 et. seq.), and implementing regulations, copies of the following materials are hereby requested with respect to fires and injuries caused by disposable cigarette lighters, regardless of brand name or manufacturer:

1. Any such fires and injuries reported during the period January 1, 1985, through December 31, 1992. (A computer printout will be acceptable).

2. Any such fires and injuries reported to CPSC by or through the National Electric Injury Surveillance system (NEISS) during the period January 1, 1985, through December 31, 1992.

3. Any reports made by CPSC staff during the period January 1, 1985, through December 31, 1992 regarding the safety of any disposable cigarette lighter.

4. Any disposable cigarette lighter safety standards recommended by CPSC during the period January 1, 1985, through September 30, 1995; and of any notification of voluntary safety standards and/or safety measures submitted during the period January 1, 1985, through September 30, 1992, by the manufacturer of any disposable cigarette lighter.

Calculation of Fees/Costs: Non-Profit Organization

In order to assist your determination of appropriate fees and costs to assess, if any, in complying with the foregoing requests, please be advised that the Osaka Bar Association is a professional, non-profit organization established under the Attorneys' Act of Japan and that membership is mandatory for all attorneys with offices located in Osaka. The Consumer Protection Committee is a part of the Osaka Bar Association, with membership composed of attorneys in the Osaka Bar Association, and serves in part to educate the public about product safety laws.

The purpose for this request is to gather information about application of the FOIA in order formulate a proposal for similar legislation and related implementing regulations.

Questions or suggestions about the foregoing requests are invited, but I ask that they be directed by facsimile to Mr. Naoki Ikeda at 81-6-231-3114. He is in charge of this FOIA request.

Your attention to this request is greatly appreciated.

      Respectfully,

      Koshi Yamaguchi
      Attorney And Counselor At Law

1995年10月9日
米国消費者製品安全委員会
ＦＯＩＡ事務所ダイレクター　　　殿
ＦＯＩＡ請求－使い捨てライター
日本国大阪市－大阪弁護士会消費者保護委員会

各位
　米国情報自由法（5米国法典552条以降）およびその施行規則に従って、商品名あるいは製造者に関わらず、使い捨てライターにより引き起こされた火災および傷害について、資料のコピーをここに請求します。
　1、1985年1月1日から1992年12月31日までの間における報告された火災および傷害報告。
　2、1985年1月1日から1992年12月31日までの間における全国電子傷害調査システム（ＮＥＩＳＳ）により、あるいはそれを通じてＣＰＳＣに報告された火災あるいは傷害情報。
　3、使い捨てライターの安全性に関して、1985年1月1日から1992年12月31日までの間にＣＰＳＣのスタッフにより作成された一切の報告。
　4、1985年1月1日から1995年9月30日までの間において、ＣＰＳＣによって推薦された使い捨てライターの安全基準、使い捨てライターの製造業者によって1985年1月1日から1992年9月30日までの期間において提出された安全自主基準および安全対策。

　費用の計算について－非営利組織
　上述の要求に関する適切な手数料および費用に関しての貴殿の決定を助けるために、次の通りお知らせします。大阪弁護士会は、弁護士法により設立された専門的かつ非営利の団体であり、大阪に事務所を有する弁護士が会員となることが義務づけられています。消費者保護委員会は大阪弁護士会の一部門であり、大阪弁護士会の会員により構成されており、製品安全に関する法律について一般大衆の教育を行っています。
　本請求の目的は、ＦＯＩＡ類似の法律および施行規則に関する提案を行うために、ＦＯＩＡの適用について情報を収集することです。

　上記請求に関する質問あるいはサジェッションについてお知らせ下さい。ただし、それらは、ファクシミリにより、直接81－6－231－3114池田直樹までお知らせ下さい。彼が、情報公開請求の責任者です。

　本請求を取り扱って頂いて、大変有り難うございます。

　　　　　　　　　　　　　　　　　　　　　　　　弁護士　　山口孝司
　　　　　　　　　　　　　　　　　　　　　　　　　（訳　山口孝司）

具体的にいうと、①商業的利用の場合は、検索、コピー、審査の３段階すべてについて負担します。現在、検索、審査代が１時間あたり、担当する職員の階級により 14 ドル、29 ドル、52 ドルです。コピー代は１枚 10 セント、マイクロフィルムは１枚 50 セントです。②ニュースメディア、研究機関その他公益的目的の請求者の場合は、コピー代だけ負担し、それ以外は無料です。コピー代も最初の 100 ページ分は無料です。③それ以外の請求者の場合は、検索とコピー代を負担しますが、最初の２時間の検索代と 100 ページ分のコピー代は無料です。

開示されなかった場合
　非開示決定の場合（一部非開示の場合も）、まず異議の申立をし、それでもダメであれば情報公開訴訟を起こすほかありません。この場合は、情報公開請求を支援しているアメリカのＮＰＯに依頼することになります。その１つに、アメリカの市民運動・消費者運動のリーダーであるラルフ・ネーダー氏によって 1971 年に設立された Public Citizen（パブリックシチズン）があります。その中に Clearing House（クリアリングハウス）があり、市民からのＦＯＩＡの利用方法に関する質問に答えたり、市民からの依頼でＦＯＩＡ訴訟を担当してくれます。

〔4〕 ＦＯＩＡによって公開された情報の具体例

ＦＯＩＡによって公開された具体例
　これまで、防衛・外交情報から身近な欠陥自動車の情報、食品・医薬品の安全性に関する情報、原子力発電所の情報など、多岐にわたって膨大な量の情報がＦＯＩＡによって公開され、その後の立法、行政に活かされてきました。その具体例を紹介した文献として『暴かれた政府の秘密』（エヴァン・ヘンドリックス編、（社）自由人権協会発行）があります。
2　日本の外交・防衛情報や欠陥商品に関する情報が、日本では入手できずＦＯＩＡによって簡単に取得できた例もたくさんあります。
　本にまとめられたものとしては、たとえば梅林宏道さんの『情報公開法で

とらえた在日米軍』（高文研発行）、朝日新聞の中島昭夫さんの『使い倒そう情報公開法』（日本評論社発行）などがあります。

第5章　生活情報Q&A

〔1〕　環境問題情報

①地球温暖化・気候変動の情報

Q 地球温暖化問題について、今どのような取り組みがなされているのか知るにはどうしたらいいですか。

A 20世紀には人間活動が地球環境の容量を超えつつあるところまできています。エネルギーや自動車など輸送機関での化石燃料の消費拡大による二酸化炭素やフロン、代替フロン類など温室効果ガスの大気中の濃度の上昇による地球温暖化問題は、人類にとって最も深刻な環境問題といわれています。このまま温暖化が進めば、2100年には平均気温で1.4～5.8度上昇、集中豪雨や干ばつによる生命や財産への危険、食糧生産などへの悪影響、マラリア被害地域の拡大など、21世紀の安全保障問題となることでしょう。1990年に、世界の科学者たちで構成されるIPCC (Intergovernmental Panel on Climate Change) は、気候を安定化させるためには、直ちに温室効果ガスの排出を50～70％も削減しなければならないと警告して世界に衝撃を与えました。1992年に気候変動枠組み条約が採択され、地球規模での排出削減を実効あらしめるために、1997年12月の第3回締約国会議（COP3）で、二酸化炭素など6種類の温室効果ガスについて、2008年から2012年までの第1約束期間の先進国の排出削減数値目標を合意した京都議定書が採択されましたが、まだ発効に至っていません。日本は90年の排出量から6％削減を約束していますが、炭素税など税や排出権取引制度を含め、約束を履行するための政策措置を検討しているところです。温暖化の原因は人間活

動のすべてにかかわっており、特にエネルギー消費の削減のための措置、自動車に依存した交通・まちづくりの見直し、風力発電などの自然エネルギーの普及拡大など、国と自治体での制度改革が必要ですし、国民すべての意識改革や実行が不可欠になっています。また、国連で排出削減の国際ルールづくりのための交渉が継続しています。科学的知見の進展にもとづく将来予測や技術開発、企業の環境報告書の作成、環境会計の公表など、さまざまな分野で急速な変化がみられており、情報公開が比較的進んでいるのも、この分野の特徴です。産業構造の転換や行政の意志決定プロセスへの市民参加が特に求められている分野です。

　そのために、温暖化とは何か、温室効果ガスとはどのようなものか、温暖化・気候変動の自然的・社会的・経済的影響、温暖化防止対策、地球規模や世界各国の取り組みの実状など、刻々と動いている情報を早くわかりやすい形で入手できるようになっています。日本の条約事務局への提出文書もホームページで公開され、条約事務局のホームページ（http://www.unfccc.de）では交渉過程での文書や各国からの提出文書もみることができます。

　そのほか環境省（http://www.env.go.jp/）、（財）環境情報普及センター（http://www.eic.or.jp）（環境省記者発表資料は http://www.env.go.jp/press/index.html）、全国地球温暖化防止活動推進センター（http://www.jccca.org/）のホームページでも情報提供されており、気候ネットワーク（http://www.jca.apc.org/kikonet）の『よくわかる地球温暖化問題』（中央法規出版）には基本情報がよくまとめられています。「自然エネルギー促進法」推進ネットワーク（http://www.jca.apc.org/~gen/）やフロン関係のNGOであるストップ・フロン全国連絡会（http://www4.plala.or.jp/JASON/）にも詳しい情報が提供されています。

②ダイオキシン情報

Q 隣町の産業廃棄物中間処分場からダイオキシン類が検出されたと報道されました。もっと詳しく知りたいのですが。

A ダイオキシンは発ガン性がある化学物質であり、最近関心を集めている環境ホルモン（内分泌攪乱物質）の1種でもあります。ベトナム戦争で大量に使われた「枯れ葉剤」や、カネミ油症事件の原因物質としても知られています。ナノグラム（10億分の1）やピコグラム（1兆分の1）単位で許容量が問題になるほど強い毒性をもっています。今日、日本で最も発生源となっているのはゴミ焼却場です。900度以上で焼却すればダイオキシンは分解するのですが、低温燃焼では大量のダイオキシンが出るといわれています。埋め立てによるゴミ処分の土地が乏しい日本では、ゴミの74％が焼却に頼っていますし、ゴミ焼却施設のほとんどが日本にあるというのが実状です。ポリ塩化ビニルやポリ塩化ビニリデンのような塩素を含むプラスチックも焼却でダイオキシンに変わるため、消費者はラップ類の購入時にも種類に目を光らせるようになってきました。その他、日常品にも塩化ビニルがよく使われていますので、ゴミ処理とともに、ダイオキシンが発生することになります。

　焼却場からどれだけダイオキシンが出ているのか、気になるのは当然です。焼却場毎のデータがないのが実状ですので、行政がしっかりと調査をし、その結果を市民に公開することがまずなすべき第1歩です。焼却炉のダイオキシンの排出基準が定められましたが、小規模施設では甘いものになっています。焼却炉施設の構造や排出状況も公開されるべきです。

　また、日本では人体にダイオキシンが取り込まれる98％は食事からで、その60％が沿岸域での魚介類からと言われています。それだけ日本近海が汚染されていることを示しています。母乳もダイオキシンで汚染されているという報道に、乳幼児をもつ母親が敏感になるのは当然です。こうした懸念に対しても、食品のダイオキシン濃度とともに母乳の濃度を継続的に調査をして公表していくことが不可欠です。

　しかし、絶対量を減らしていくには、発生源のゴミを減らしていくことが必要です。リサイクル、リユーズとともに、消費者が塩化ビニル製品を購入しないように、よくわかる表示が必要です。

　ダイオキシン・環境ホルモン対策国民会議（東京都港区新橋4—25—6、6階コスモス法律事務所内）（e-mail：kokumin@attglobal.net）では、国内外のダイオキシン、環境ホルモン対策について、調査・提言を行っています。

〔2〕 原子力発電情報

Q 原子力発電所についての情報はどこで入手できますか。

A 1999年11月30日、茨城県東海村で発生したJCO社の核燃料濃縮工場で発生した臨界事故では、不幸にして作業員の命が奪われました。チェルノブイリ以来の大事故であり、広島や長崎の原爆被災者と同じ症状に、原子力の怖さを世界に新ためて知らしめました。もっと驚いたことは、このような危険な工場が、原子力発電所の中ではなく、一般住宅が建ち並ぶ市中にあり、この民間企業の社員はどれほどの危険物かを知らずに、核分裂性の成分が18.8％にも濃縮されたウランを「手作業」で大量に沈殿槽に入れていたことです。沈殿槽が「原子炉」になったわけです。

　原子力基本法では、その第1条で、「原子力の研究、開発及び利用は、平和の目的に限り、安全の確保を旨として、民主的な運営の下に、自主的にこれを行うものとし、その成果を公開し」として、建前上は公開をうたっていますが、実体は秘密主義に覆われているといっても過言ではありません。昨年通産省は、原子力発電による電力は火力発電所よりも安いとの計算を発表しましたが、発電原価に含めるべき用地取得費や地域振興策に伴う費用、膨大な研究費助成など不透明な部分が多く、廃棄物の処理処分については方法も定まっていないため、本当に必要な費用を見積もることができない状況です。高度成長期には電力需要を過大に見積もり毎年2基程度を増設してきましたので、東京電力では電力供給量の45％を原子力で賄うに及んでおり、原子力をベース電源とする運用がなされ、そのため需要が少なくなる夜間電力の消費のために、揚水発電所を建設したり、夜間電力用商品を売り出しています。現在日本には52基の原子力発電所がありますが、2010年までにさらに20基増設する計画を立てていました。既設の原発用地に増設する計画は具体化していますが、新たに新設することは世論的に極めて困難な状況になっています。それでも立地計画を推進する動きは全く弱まってはいません。原子炉の設置や廃止を決める原子力安全委員会も非公開で行われ、議事録も公

開されていません。

　情報公開法が制定されるまでは、発電所原子炉設置許可処分の取消訴訟を提起して、訴訟のなかで設置申請者が提出した調査資料などの関連資料について文書提出命令の申立を行い、一部が提出されたに過ぎません。また、特殊法人の1つである「核燃料サイクル機構（旧、動力炉・核燃料開発事業団）」は独自の公開制度をつくっていますが、あくまで便宜上の制度で、資料内容検討費として1件1000円、資料コピー代として1枚30円を請求されたケースがありました。

　市民ＮＧＯである「原子力資料情報室」(http://www.cnic.or.jp/)は、原子力に関する内外の情報を収集し、提供しています。

〔3〕 医療問題情報

①カルテ開示

Q 厚生労働省の検討会が提言したカルテ（診療録・看護記録・検査記録・X線写真等）開示の法制化が、日本医師会の反対で実現しなかった、と新聞で読みましたが、カルテは開示されないのですか。

A 日本医師会は、カルテ開示の法制化に反対する理由として、「自らカルテを開示していく」と宣言しました。したがって、すべての医療機関でカルテ開示はなされており、もし、開示しない医療機関があれば、医師会に連絡をすれば指導する、と言っています。ただ、患者の権利としての取り組みではないだけに、いまだに開示の準備中であるとして拒否したり、全面開示でなかったり、閲覧だけでコピーを渡さなかったりなどの開示の内容が十分ではないことによる混乱が生じているのも事実です。

地方自治体が設立した病院（県立や市立や町立など）の場合、その自治体が個人情報保護条例を制定しておれば、役場の条例窓口で権利としてカルテ開示を請求できます。また、個人情報保護条例を持たない自治体でも、情報公開条例（公文書公開条例）を持つ場合は、その条例によって個人情報の本人開示がされるべきであるとする判決が相次いでいます。

Q カルテは遺族にも開示されるのでしょうか。

A 兵庫県や宮城県、大阪市など、個人情報保護条例を持つ自治体では、遺族にもカルテを開示すると宣言するところが増えています。また東京都などのように、子どもが死亡した場合の親に対する開示のみを認めているケースもあります。まだ、遺族への開示をしていないところでも、それらの自治体の実例を根拠に、遺族にもカルテ開示を求めていくべきです。

国立病院では、2001年4月から適用するガイドラインの中で、初めて遺族

へのカルテ開示を認めました。ただし、死亡後60日以内に限っており、市民団体は、この日数制限をやめるよう交渉しているところです。
　なお、日本医師会が2000年1月から適用しているガイドラインでは、遺族へのカルテ開示を認めていません。

Q 医療裁判を考えています。その証拠となるカルテをどのように病院に請求すればよいのでしょうか。

A 裁判の可能性がある場合は、少しでもカルテ改竄などを防ぐ必要があります。そのためには裁判所を通じた証拠保全がやはり最善だと思います。裁判所への保全申立は一般に弁護士を通じて行いますが、書式をきっちり揃えれば自分ですることも可能です。また、弁護士に依頼する場合でも、証拠保全の当日にはできれば原告本人も立ち会うことでより厳正に行われるのではないかと思います。

②レセプト開示

Q レセプトは病院で開示してもらえるのでしょうか。

A レセプトは、診療報酬明細書と言って、病名の他、薬剤名・検査名・処置名などが、すべて正式名称で単価・数量と共に記載された医療費の明細書です。病院が、患者が加入する保険者などに医療費を請求するためのもので、保険者に保管されています。厚生労働省は、長年、レセプトを患者本人に見せないように指導していましたが、1997年6月25日に、本人や遺族、法定代理人や委任を受けた弁護士から請求があれば開示するよう通達を出しました。加入する健康保険の保険者（国民健康保険や老人保険の人は市町村役場の国保課、公務員は共済組合、サラリーマンは各健保組合、中小企業の人で政府管掌保険に加入している人は各都道府県の社会保険事務所）に行けば、簡単な手続きで開示されます。
　市民団体は、患者が一部負担金を支払う病院窓口でもレセプト相当の詳しい明細書を発行するよう求めていますが、その実現は、まだまだこれからと

いう段階です。

Q レセプトの開示請求をしたことは医療機関に気付かれるのでしょうか。

A 本人がレセプトを開示請求した場合、医療機関に対して本人への病名告知がなされているかの問い合わせがなされます。遺族が請求した場合は、そのような問い合わせはなされませんが、開示した後に開示した旨が連絡されます。したがって、レセプトが開示されたことはいずれ医療機関にわかりますので、裁判の可能性がある場合はカルテ等の改竄を防ぐためにも、カルテ等の証拠保全を終えてからレセプトの開示請求をするべきでしょう。

　市民団体は、告知の問題が絡まないケースでは、医療機関への連絡をやめるよう要望していますが、保険者の中には、逆に、開示するか否かは、告知に問題に関わらず、医療機関が決める、と誤解している例もよく報告されています。

　このように、各保険者の担当窓口では、まだレセプト開示に不慣れなために不手際も多いようです。『レセプトを見れば医療がわかる』(角川書店)等の本には開示請求の詳しい方法やレセプトのチェック法などが載っています。またカルテ・レセプトの開示請求に関する情報は「医療情報の公開・開示を求める市民の会」(http://homepage1.nifty.com/hkr/)でも紹介されています。

③薬の副作用情報

Q いま使っている薬の副作用を知りたいのですが、どのようにすればよいのでしょうか。

A 薬の副作用の情報については、市販されている本とかインターネットなどで、厚生労働省、医師、薬剤師、市民団体などが非常に沢山の情報を提供しています。まずそれを最初の手がかりにして更に詳しい情報を入手することが効率的です。書物としては『医者からもらった薬がわかる

本』（木村茂著、法研発行）などがあります。インターネットでは「薬害オンブズパースン会議」「薬のガイドデータベース」「病院からもらった薬が分かる」などのホームページに副作用情報が紹介されています。厚生労働省が公開しているものとして「医薬品等安全性関連情報」があります。そして関連する副作用情報のホームページがリンクされていますので、それを探っていくことも方法です。アドレスは巻末の情報マップを参照して下さい。

　情報公開法で請求する場合は実施機関は厚生労働省です。厚生労働省が作成した情報だけでなく、製薬企業や病院などから入手した情報も原則として公開の対象となります。

　公開しないことを約束して厚生労働省に提供した副作用情報が公開されるか否かが今後問題となることが予想されます（情報公開法5条2号ロ）。このような約束がある場合でも、医薬品の副作用情報は人の健康に重大な影響を与えるものですので、情報公開法5条2号本文但し書きの適用により公開されるべきである場合がほとんどでしょう。公開されない場合は、情報公開審査会に申し立てるか訴訟を起こすなどして、粘り強く公開請求することが重要です。

〔4〕 製品安全情報

①同種事故の情報

Q 先日、私の留守中に自宅が火事になりました。消防署の話では、居間のテレビが置いてあった付近がよく燃えていたが、テレビそのものが激しく燃えているためテレビからの出火だと断定できないし、原因は不明と言われました。納得がいかないのですが、同じような事故が起こっていないか、どうしたら調べられるのでしょうか。

A 同種の製品で同じような事故が他にも発生しているという事実が明らかになれば、その製品が原因で事故が発生したことを推測されることに役立ちます。

　製品の事故情報が最も多く収集されているのは経済産業省の製品評価技術センターで、ここでは事故情報収集制度に基づき、消費者団体・消費生活センター・製品安全協会・販売業者・製造事業者・消費者・病院・警察署・消防署などからの通知を受けて事故情報を収集し、これを年１回「事故情報収集制度報告書」にまとめて公表しています。報告書は、官報販売所などで販売されていますし、各地の消費生活センターで閲覧することもできます。また、製品評価技術センターのホームページでも、収集された情報や、重大事故に関する緊急情報を「製品事故特記ニュース」として公表しています。

　なお、1995年度分までは製品を特定できる情報（製品の製造事業者名や銘柄、型式など）は公開されていませんでしたが、1996年度分からは、事故が製品に起因する事例については製造事業者名、銘柄、型式が公表されるようになり、より具体的な情報を入手することが出来るようになりました。

　そのほか、製品の事故情報は国民生活センターでも収集されています。国民生活センターに集められた情報は、「たしかな目」や「国民生活」等の出版物で一部公開されているほかは、事業者名などが削除され、資料として加工されたうえで、行政機関や消費者団体に提供されたり裁判所等の照会に応じて回答されていますが、個々の消費者からの情報公開請求には今のところ応

じられていません。

Q 家電製品などの生活用製品以外の製品については、同種事故の情報はどのようにすれば入手できますか。

A 情報収集の具体的な例として、農機具により発生した負傷事故に関する損害賠償請求訴訟において、同種事故に関する資料を収集したときの方法を紹介したいと思います。具体的な事例を通じて情報へのアクセスの仕方をイメージして頂けるのではないかと思います。

　どこから手をつけたらよいのかわからない場合は、所轄官庁の担当課に連絡すると、同種事故の情報や資料が存在するのか、また、関連する情報や資料がどこにありそうなのか、ヒントが得られる場合があります。

　本件の場合も、先ず、農林水産省に連絡し、同種事故のデータが収集保存されていないかを確認しました。その結果、「農作業事故調査結果報告書」という報告書が毎年作成され同省に保管されていること、同省の図書館で閲覧・謄写できることがわかり、同省内の図書館に出向いて関係部分を謄写しました。

　また、同省担当者の説明から、この報告書の抜粋などの情報が業界団体である「日本農業機械工業会」発行の雑誌に掲載されることがわかったため、同工業会に出向いて、雑誌の閲覧と謄写をさせてもらいました。

　製品の欠陥が問題となった事案であるため、通商産業省（現経済産業省）にも農機具による事故例のデータが保存されていないか照会した結果、同省製品評価技術センターに、各種製品の事故情報が収集・分類された「事故情報収集制度報告書」があることがわかったため、同センターで報告書を閲覧・謄写しました。

　さらに、国民生活センターに対しても、同種事故の情報を収集していないか問い合せを行いました。

　同センター発行の当該農機具に関する事故解析報告書には、関係官公庁の担当部署や当該製品の業界団体が記載されていたため、それまでに照会を行っていなかった所にも問い合せを行ってみました。

　また、本件事件では、一緒に事件を担当していた弁護士が、当該農機具に

よる受傷について特集されていた医学雑誌に関連文献として記載されていたものの中から、同種事故に関する重要な医学文献を見つけ出し、これが大変役に立ちました。このように、文献を巡って行くと思いもかけない情報にぶつかることがありますので、手間を惜しまず調査を行うことが必要です。

②遺伝子組み換え食品に関する情報

Q 遺伝子組み換え食品による豆腐などが日本国内でも販売されるようになっていますが、安全性については問題がないのでしょうか。心配ですので、遺伝子組み換え食品は買わないようにしたいのですが、どう見分けたらよいのですか。

A 遺伝子組み換え食品はアメリカで開発され、日本やヨーロッパに輸出され始めました。遺伝子組み換え食品は害虫や雑草に強い大豆・とうもろこしなど、食品を安定的に供給する目的から一部の遺伝子を組み換えて食品を生産するというものです。

最近では、生活習慣病など健康に効果のある遺伝子組み換え食品の開発も進められており、厚生労働省は心臓病の予防効果をうたった遺伝子組み換え大豆の販売を認めました。

しかしながら、自然界に存在しない未知の分野の食品ですから、その安全性については大きな社会問題となっています。ヨーロッパでは安全性が確認できない以上輸入することについて様々な規制をしようとしています。これに対し日本では、厚生労働省が安全性に問題はないとしていますが、環境にも影響を与えかねないものですから、その安全性については十分な検証が必要です。そこで、遺伝子組み換え食品について少なくとも消費者が選択権を与えられるべきとして、遺伝子組み換え食品かどうかを表示すべきという消費者運動が起こり、厚生労働省も一部ではありますが表示することにしました。消費者としては、すべての食品に遺伝子組み換え食品かどうかの表示を求めることが必要です。

それとともに、動物実験を含めて安全性に関する研究を継続的に行なうよう、メーカーや厚生労働省をはじめとする関係府省に求めていく必要があり

ます。

　遺伝子組み換え食品に関する情報については、厚生労働省や農林水産省が保有しています。

③シックハウスと化学物質過敏症に関する情報

Q 私は最近大手の住宅メーカーに注文して住居を新築しましたが、入居したとたん、妻が頭痛や吐き気がすると言い始めました。そこで私は住宅メーカーに苦情を言ったところ、「そのような苦情は初めてだ。奥さんの体質が問題ではないか」と言われて困っています。シックハウスという言葉を耳にしたことがありますが、どうしたらよいでしょうか。

A 奥さんの症状は住宅建材に含まれているホルムアルデヒドなどの化学物質によるものと思われます。高気密・高断熱の住宅が普及するようになってから、住宅建材に従来の檜などの建材に代わって合板などの新建材が使われるようになりました。合板の接着剤にはホルムアルデヒドが使われています。ホルムアルデヒドは発ガン性の疑いがもたれている化学物質で、健康被害をもたらす物質です。労働現場は8時間労働で0.5ppmと規制されていますが、24時間利用される住宅にはこれまで全く規制がなかったのです。

　厚生労働省は1997年6月、ホルムアルデヒドについて0.08ppmというガイドラインを発表しました。このガイドラインに従って住宅メーカーはできるだけホルムアルデヒドの低い建材を使用し始めています。しかしながらガイドラインのため法的強制力がなく、まだまだ従来の建材が使われており、被害が発生しています。また、2000年6月にはトルエンについて1立方メートルあたり260マイクログラム、キシレンについて1立方メートルあたり870マイクログラム、パラジクロロベンゼンについて1立方メートルあたり240マイクログラムというガイドラインを発表しています。さらにクロルピリホス、エチルベンゼン、スチレン、フタル酸エステルの4物質についての指針値も検討されています。

　これら化学物質による被害について、頭痛程度の被害で済めばまだ救われますが、人によっては僅かな化学物質も受け付けない体質となり、家の中に

クリーンルームなどを設置しないと生活できないという、極めて悲惨な状況に追い込まれる人もいます。化学物質過敏症といわれていますが医学的にも未解明の部分が多い分野です。

　シックハウス症候群にならないためには、何よりもどのような建材が使われているのか住宅メーカーに情報の提供を求め、情報の提供に応じない住宅メーカーの住宅は購入しないようにする必要があります。

　不運にも被害にあった場合には、住宅メーカーに建物の買取などを含め、被害救済を求めるとともに、できるだけ健康を回復するには、シックハウスを研究している医療機関などで治療を受けることがよいと思います。シックハウスに関する情報は、「シックハウスを考える会」（http://www.infonet.co.jp/Aso/house/）で提供されているほか、厚生労働省のホームページ（巻末、新府省一覧参照）などの情報も有効です。

④欠陥住宅情報

Q これから住宅を取得したいと思いますが、欠陥住宅をつかまされないために役に立つ情報を手に入れるにはどうしたらよいでしょうか。

A 中古住宅を購入したり、建売住宅を購入する場合には、都道府県又は市町村の建築部の窓口で、その建築に関する建築確認等行政上の処分に関する情報を閲覧するとよいでしょう。その建物が、適法に建築確認、中間検査、完了検査を受けたものであるかを最低限チェックする必要があります。従前は、建築計画概要書のみの閲覧しかできませんでしたが、1998年の建築基準法改正により、建築計画概要書（又はその事項が記録されたフレキシブルディスク）の他、建築確認、中間検査、完了検査等の処分の日時、概要等の処分履歴を記録した書類を閲覧できるようになりました。これらの書類を閲覧することによって、その取得しようとする建物が、適法に建築確認、中間検査、完了検査を受けているかをチェックすることができますので利用して下さい。

　次に、建築業者に家を建ててもらう場合や、建売を購入する場合、契約書に添付されている書類や業者から渡される書類が十分なものではなく、後日

補修を要する場合や欠陥があるかどうかが問題になった場合に、契約内容や建物の構造自体がはっきりせず、対応に苦慮する場合があります。この点に関し、2000年に施行された住宅品質確保促進法では、同法に基づく建設住宅性能評価書が交付又は添付された住宅に関しては、住宅供給業者の自己評価書、設計内容説明書、付近見取り図、配置図、仕様書、各階平面図、二面以上の立面図、断面図又は矩計図、基礎伏図、各階床伏図、各階詳細図、各種計算書が、住宅性能評価機関に保存されることになりました。建築確認申請書に添付される書類よりもより詳細な多くの書類が保存されます。また、評価機関の検査・評価を受ける際に提出され、検査結果が記載された施工状況報告書も保存されます。したがって、これらの書類が業者から交付されない場合であっても、住宅取得者は、評価機関に対し、これらの書面の交付を求めることができます。

　自宅を建築する、あるいは建築した建設業者がどのような業者であるのか、信用できる業者なのか心配になることがあります。このような場合は、建設業者に関する情報を見るとよいでしょう。建設業者は、建設業の許可を得て営業をしていますが、特定の都道府県においてのみ営業を行う場合には、都道府県知事に対し、複数の都道府県にまたがって営業する場合には国土交通大臣に建設業の許可申請をします。その際、建設業者は、業者名、代表者名、営業所所在地、資本金の額等の他に、工事経歴書、直前3年の各営業年度における工事施工金額、使用人数等を記載した書類を提出しなければなりません。そして、変更があったつど届出なければなりません。これらの事項が記載された書類は、だれでも都道府県又は国土交通省の窓口において閲覧することができますので、利用して下さい。

　その他、欠陥住宅問題に取り組む弁護士、建築士、消費者の組織である欠陥住宅被害関西ネット（http://member.nifty.ne.jp/kansainet/index.html）、欠陥住宅京都ネット（http://www.joho-kyoto.or.jp/~houses/）等がホームページを開き、これから住宅を取得する場合に、どのような点に注意すればよいか、欠陥住宅の相談事例や様々な情報、欠陥住宅の裁判例に関する情報等を市民に提供しています。また、欠陥住宅に関する相談を受け付け、全国の弁護士会の住宅紛争審査会を支援する住宅リフォーム・紛

争処理支援センター(http://www.chord.or.jp/shienc/)や、住宅部品に関して相談、あっせん、調停を行っている住宅部品ＰＬセンター(http://www.iijnet.or.jp/PLC/)もホームページを開いています。

〔5〕 取引被害情報

①日常の取引に関する苦情や被害の情報

Q 23歳になる私の娘が、街で呼び止められてエステの無料体験コースを受けた後、30万円コースのエステ会員の申し込みをし、さらに20万円もする美顔器を購入して、クレジットで毎月2万円ずつ支払う契約をしてきました。
　娘の話を聞くと、かなり強引に契約をさせられたようで、私は、本当にきちんと30万円分のエステのサービスが受けられるのか、美顔器を使用して効果があるのか、逆に肌にトラブルが起きないか心配です。このようなエステサービスで被害が生じていないか、また娘が契約をしてきたエステサロンで被害や苦情が出ていないか知りたいのですが、どうすればいいのでしょうか。

A 私たちの日常生活における様々な取引の場面でも、販売方法が強引であったり、商品やサービスの内容に関して虚偽の説明がなされたり、届いた商品が約束どおりの性能を持っていない、約束どおりにサービスが提供されないなどのトラブルが多数発生しています。こうした消費者取引被害の相談や苦情は、各地の消費者センターに持ち込まれることが多く、全国各地の消費者センターには1年間で約37万件（1999年度）の取引被害情報が集まってきています。
　これから新たに契約をしようと思った時、あるいはこの質問のように契約をしてしまったが不安な時、同種の取引で、あるいはまさに同じ事業者で被害が発生していないかを知ることができれば、消費者被害は減少するでしょう。しかし、今のところ、こうした消費者が知りたいと考える取引被害の具体的な情報を簡単迅速に入手する手段は確保されていません。
　消費者が入手できる手段と情報は次のようなものに限られています。
1）全国各地の消費者センターに寄せられた情報は、PIO—NETシステムによって国民生活センターにすべて集められ、その一部は、相談事例として「たしかな目」や「国民生活」など、国民生活センターが発行している情

報誌で紹介されています。また、国民生活センターのホームページでも紹介されるようになってきました。しかし、特に悪質なケースを除き、具体的な事業者名や商品名は明らかにされていません。

2）全国各地の消費者センターに寄せられた情報を、各地の情報公開条例に基づいて公開請求することも可能です。この場合は、相談や苦情を受け付けた相談カードそのものが公開されていますので、被害・苦情の内容や事業者の対応などが具体的にわかります。もちろん相談者のプライバシーに関する情報は黒塗りされて公開対象から除外されていますが、問題なのは事業者に関する情報も営業上の秘密として安易に塗りつぶされる傾向があることです。情報公開法でも、第5条2号で、事業者等の情報のうち、公にすることにより、事業者の権利、競争上の地位その他正当な権利を害するおそれのあるもの等は非開示情報とされていますが、この規定が緩やかに解釈されると、消費者が本当に必要な情報はほとんど公開されないことになりかねません。情報公開法は、人の生命、健康、生活または財産を保護するため公にすることが必要と認められる情報は例外として開示するとただし書きで規定していますので、わたし達はあきらめず粘り強く公開請求を行い、事業者情報の適正な公開ルールを確立することが必要です。

②公正取引委員会の情報の入手方法

Q 私が住んでいる市の発注の公共事業につき談合の疑いがあり、公正取引委員会が独占禁止法違反の疑いで近く排除勧告をするという新聞報道を目にしました。談合により公共工事の費用が不当に吊り上げられ、その分だけ税金の無駄使いになることから市に対して住民監査請求をしたいと考えています。また、住民監査請求の結果によっては、損害賠償の代位請求訴訟についても考えています。こうした住民監査、住民代位訴訟にあたって、談合に関する情報を収集する方法があれば教えて下さい。

A 談合は秘密裡に行われることから、一般市民が談合の疑惑を知るのは、専ら新聞で公正取引委員会が調査に入った旨の報道や、調査の結果、独占禁止法違反による排除勧告を出したという報道によることがほと

んどです。

　しかし、新聞報道では談合対象となった具体的公共工事名や工事内容、入札価格などまで明らかにされていないことが多く、新聞記事のみを頼りに住民監査請求をした場合、監査委員からは違法と主張する具体的な歳出行為が特定されていないとして請求を棄却されてしまうことが、往々にしてあります。しかし、公正取引員会の調査、勧告、審決の進展状況を待ってから住民監査請求、住民代位訴訟と進んだ場合、今度は裁判ではもっと早く違法支出の事実を知り得たとして、出訴期間を経過したという判断されてしまうこともあります。

　こうした点から、談合情報については、いかにして早期にどのような情報をどこから入手できるかを知っておくことが重要です。

　公正取引委員会では、独占禁止法25条に基づく損害賠償請求訴訟制度の有効な活用を図るための資料の提供の範囲等について要領を定めています。上記要領は、損害賠償請求訴訟提起前と提起後に分けて規定がされています。

　【訴訟前】においては、確定審決が存在する場合で、確定審決が勧告審決（確定審決とみなされる課徴金納付命令及び排除命令を含む）である場合は、①被害を受けたとする違反行為に係る審決書（排除命令書を含む）の謄本または抄本を、②被害を受けたとする違反行為に係る納付命令書の謄本又は抄本。当該違反行為が独占禁止法第8条（事業者団体の禁止行為）の規定に違反するものである場合において、被害者等からの求めがあったときには、当該事業者団体の構成事業者の名称及び住所に関する資料を提供する。確定審決が同意審決又は審判審決の場合は、上記資料のほか、独占禁止法第69条（利害関係人の事件記録の閲覧等）の規定による求めがあれば、事件記録（審判手続に提出された書証、審判における参考人に対する審訊。審査官及び被審決人の陳述等を記録した審判調書等によって構成がされている。）の閲覧又は謄写に応ずる、とされています。

　【訴訟提起後】において受訴裁判所から民事訴訟法第226条に基づき文書送付嘱託があったときの取扱いは、提出する資料として、違反行為の存在に関連する資料として、①勧告審決の場合は、勧告において事実認定の基礎とした資料、②同意審決の場合は、①の資料及び事件記録、③審判審決の場合は、

事件記録とされています。また、違反行為と損害との間の関連性ないし因果関係及び損害額に関連する資料として、①違反行為対象商品又は債務の取引・流通慣行等に関する資料、②違反行為の経緯、実施状況、実行確保手続等に関する資料、③その他違反行為と損害との間の関連性ないし因果関係及び損害額を立証するために有益と考えられる資料とされています。

しかし、これら資料につき、「事業者の秘密」を漏らすことのないようにするため、①非公知の事実であって、②関係事業者が秘密にすることを望み、③客観的にみてもそれを秘密することにつき合理的理由があると認められるものは非開示とされています。

【審決確定前の資料提供】

違反行為に関する審決手続中の場合や、違反行為に関する審決取消訴訟中の場合、その他違反行為に関する審決が確定していない場合においては、審判開始決定書及び審決書の謄本又は抄本を提供するほか、独占禁止法第69条の規定による求めがあれば、事件記録の閲覧又は謄写の応ずるとされています。

【資料の保存期間】

資料の保存期間は原則として審決確定後3年間とするとされています。

【提出要求の受付先】

本局においては官房総務課審決訟務室、各地方事務所においては総務課が行っています。

【公正取引委員会の資料提供の現状との問題点】

談合事件の場合は、課徴金納付命令により具体的な工事名、入札価格、落札業者を知ることが可能となります。しかし、事件記録における事件関係者の調書は氏名が抹消されたうえで、開示される扱いがなされています。したがって、誰が違反行為を認めたかについては、役職、在任期間の記載からさらに調査する必要があり一見して明らかとはいえません。こうした一部抹消の取扱いは、事業者秘密、プライバシーの配慮からの取扱いですが、事柄の性質上、上記基準からしても一部抹消の取扱いには疑問があります。また、談合による工事費用がどの程度不当に吊り上げられたかについては、公正取引委員会の調査は主として違反事実の認定に力点が置かれ、損害額について

の資料としては残念ながら十分ではない場合が多いのが現状といわざるを得ません。

③金融商品や金融取引に関する情報

Q 金融業者の広告や勧誘が活発になっているせいか、最近高齢者の方が金融トラブルにあうことが目立つように思います。いわゆる財テク情報ではなくて、利用者の観点から見て金融取引に関わる情報には、どんなものがあるでしょうか。

A 金融取引に関連する情報としては、①ある金融商品それ自体の仕組みやリスクに関する情報、②その金融取引の被害や苦情に関する情報、③その金融商品の販売方法や業者の営業活動の問題点に関する情報、④それらに関する実態調査や対策に関する情報、⑤それが新種の商品であれば、その解禁の経過に関する情報、⑥金融業者の健全性（財務面）に関する情報、などがあります。

①は金融業者やその業界団体ないし自主規制団体が保有しており、②は国民生活センターのほか、監督官庁が独自に情報を収集、保有しています。③は、監督官庁の監督権限に基づいてなされる調査・処分に関する情報が典型的なものです。④は、監督官庁が法改正や制度改革に際し、その立法事実の把握のためなどになされるものです。たとえば、1998年の商品取引所法改正では、通産省と農水省による「委託者保護に関する研究会中間取りまとめ」が作成されましたが、その過程でさまざまな実態調査と分析が行われました。委託者全体の80％弱が取引で損になっていることや、50歳以上の委託者が全体の50％を占めるなどの事実が明らかになったのも、その１つです（日弁連の『商品取引被害救済の手引き（６訂版）』に、主要部部分を掲載しました）。⑤は、審議会情報からも、ある程度は入手できます。また、国会で金融問題がとりあげられることも多く、その答弁のために担当官庁が情報を収集することになります。もちろん、答弁の中で明らかにされた範囲であれば、議事録で確認することができます。⑥は、金融機関の破綻の可能性の分析などに必要で、一部は公表されます。

金融の分野は、ビッグバン後も依然として縦割り状態が続いていますので、情報が一元的に収集・保有されていません。調査する金融商品の監督官庁に注意して、請求してみてください。本来、情報公開の成果が、大いに期待される分野と言えます。

〔6〕 子ども・教育関係情報

①教師の体罰・子どものいじめに関する情報

Q X市立の小中学校の体罰の状況を調べたいと思うのですが、どのような方法があるでしょうか。

A 学校で事故が発生した場合、事故報告書が作成され、これが教育委員会に提出されます。したがって、X市内の小中学校すべてに関する事故報告書の公開を求めることで、体罰の状況を一定程度具体的に知ることが可能となります。ただし、体罰によって児童・生徒がけがをした場合であっても、報告書が作成されない場合もあり、また報告書が作成されている場合でも、学校側の言い分だけが記載され、事態が正確に記述されているとは言えない場合もあります。

情報公開請求によって公開される範囲は自治体によってまだばらつきがありますが、報告書に記載された個人名、地名等を除いて公開される場合も少なくありません。

また、教職員の懲戒状況（懲戒の内容、懲戒の理由、懲戒の件数等）が記載された文書の公開を求めることによっても、一定の状況が明らかになることがあるでしょう。

なお、上記事故報告書は、その報告書に記載された関係者にとっては自己に関する個人情報ということができます。ですから、例えば体罰を受けた被害児童は、個人情報保護条例に基づき、事故報告書の開示を求めることもできます。もし、その記載が正確でなければ、条例に基づいて削除訂正を求めることも考えられます。

②内申書に関する情報

Q 私は、X市立中学校3年生の娘（Y県立高校志望）を持つ保護者です。新聞で内申書を親や生徒に全部見せるように命じたという判決

が出たという記事を見たのですが、子どもの内申書を見ることはできるのでしょうか。

A 内申書とは、高等学校等に進学しようとする場合に中学校から高校に送られる書類で、法律では「調査書」とよばれています。中学校が作成する内申書の様式は、都道府県ごとに異なりますが、おおむね各教科の評定、特別活動の記録、性格や行動について記述する欄等があります（様式は公開されています）。本件の中学校はＸ市立ですから、内申書が完成してから内申書が志望校に送られるまでの間はＸ市が管理する公文書です。Ｘ市に個人情報保護条例があれば、これに基づき開示を求めることになります。ただ、内申書がＸ市のもとにあるのは極めて短期間ですので、開示請求をするとともに決定が遅れるようであればコピーを残しておくよう申し入れをするなどが必要でしょう（なお、内申書完成前から前もって開示請求できるか、請求されたＸ市の側が内申書の写しを残さなければならないか等に関する取扱いについては定まっていません）。

また、高校に内申書が送られてからは、Ｙ県の個人情報保護条例に基づいて請求することになります。

内申書の開示の是非をめぐっては、開示を認めると、教師と保護者・生徒との間の信頼関係を壊してしまうのではないか、開示が前提になると教師があたり障りのないことしか書かなくなり、内申書としての機能を損なうのではないかなどとして判断が分かれてきました。1999年11月25日、大阪高等裁判所は、「適切な表現を心掛けることや、日頃の生徒との信頼関係の構築によって避け得るものであり、これに対処するのも教師としての職責であると考えられる」「現に多くの自治体で調査書・指導要録の開示が開始されており、歴史が浅いとはいえ、社会の趨勢を示すものと認められる」として、内申書の全面開示を命じました（なお、この判決は、教育委員会からの上告がなく、確定しています）。

〔7〕 高齢者福祉・介護サービス情報

Q 高齢者福祉・介護サービスに関する情報はどのようにして入手すればよいのでしょうか。

A 2000年4月から介護保険制度が実施され、同年6月には社会福祉事業法が改正されて社会福祉法が成立しました。これらの一連の流れは福祉サービスの提供を、行政が一方的に福祉サービスの内容を定める「措置」から利用者とサービス提供事業者との「契約」によって規律しようとする社会福祉基礎構造改革の柱として位置づけられています。

　契約概念が導入されたことにより、理念的には高齢者は自らの意思に従って自由にサービスを選択することができるようになりました。しかし「選択」をするためには選択をする上で必要な情報が高齢者に提供されることが必要不可欠です。福祉サービスに契約概念が導入されることによって福祉サービスに関する適切な情報が高齢者に提供されることは、より一層重要な意味を持つことになりました。

　介護サービスに関する基本的な情報、すなわち、どのような事業者があって、具体的にどのようなサービスを提供しているかという情報は、これまで福祉サービスの提供主体であった関係もあり、行政（市町村）の窓口に現時点では最も情報が集まっています。しかし行政窓口で基本的な情報は得られますが、画一的・形式的な情報が多く、「生きた情報」はなかなか得られにくいのが実状です。その意味で福祉サービスに関する情報の収集と提供を目的とするNPOなどが組織され、積極的に活動していくことが期待されます。

　また介護サービスに関して実際に利用者から出された苦情に関する情報も重要な情報です。苦情に関する情報は、介護保険制度上は国民健康保険団体連合会（国保連合会）や都道府県にあがってくることになります。介護は人の生命・身体の安全に直結する問題ですからこれらの機関に対して積極的に情報を開示するように働きかけることが重要です。また国においては、個々の事業者のサービスを当事者以外の第三者が評価し、評価の結果を利用者に提供する制度を作ろうとの構想もあり、今後の展開が注目されています。

〔8〕行政監視情報

①県・市の公共工事の入札情報公開

Q 先日、新聞に市の発注の公共工事について、談合疑惑の報道がありましたが、私が市役所へ出かけて、談合が実際にあったかどうかの情報の公開を請求できますか。請求する場合、どんな情報を請求すればよいのでしょうか。

A あなたの住んでいる市に情報公開条例があれば、談合情報についても情報公開請求できます。例えば、平成〇年度の土木局発注の道路堀削跡復旧工事について、その予定価格、最低制限価格、入札業者名、落札価格、落札業者名、見積書支払金額等に関する情報の公開請求をすることができます。これらの事項を例えば上半期毎に一覧表にしてみますと、談合の事実があったことが伺い知ることができます。談合が行われていると落札価格は予定価格の99％くらいにぴったりとへばりついています。全国で90％以上の公共工事について談合が蔓延していると推測されています。談合の摘発後には、落札率が急低下し50〜80％くらいになることもあります。また全員の入札者が予定価格を上回りますと2回目の入札をしますが、調査したところでは2回目も3回目も落札者は同じことがほとんどです。これは「一位不動の原則」と言われています。これも談合が行われている明らかな証拠と言えます。

実際にあった例ですが、ある市で談合の裁判中に、工事の見積書及び支払伺書の公開を求めたところ、市は「訴訟に関する情報であって、公開することにより、当該訴訟法の目的の達成が損なわれるおそれがあるため」という理由で非公開にしました。この訴訟では市も被告になっているので、訴訟に負けるおそれがあるため非公開にするというのです。全く不当なことです。

また、工事下請届の公開を求めたところ、下請人名、下請金額全てを墨で塗りつぶしてありました。下請内容を明らかにすると法律で禁止されている下請業者への丸投げの事実が明らかになるために墨で消したものと思われま

す。この様な事項はアメリカの法律では全て公開されています。我が国はまだまだ情報公開後進国と言わざるを得ない状況です。

　全国で談合が蔓延しているためか、政府もその対応策に迫られ、2000年11月に「公共工事の入札および契約の適正化を促進する法律」を制定しました。その法律により、国や地方公共団体は公共事業の情報を公開しなければならないとされており、公開される情報は、法律が施行される2001年4月1日までに政令で定められることになっています。今後は、市民が情報公開法を活用して公共工事の談合問題を摘発していく必要があります。

②カラ出張・観光目的の視察旅行

Q 以前、市民オンブズマンが自治体の職員の出張旅費の情報公開請求したところ、阪神淡路大震災で新幹線が神戸地区不通であったときに三重県の職員が新幹線に乗って福岡まで何度も出張したとする記録が出てカラ出張が明るみに出たと聞いたことがあります。

　国家公務員にもカラ出張があるかどうかとか議員の視察旅行について情報公開請求して調べてみたいと思いますが、どのようにしたらいいのでしょうか。

A 実際には行っていないのに行ったことにして出張旅費を不正に受け取ることをカラ出張といいます。三重県のケースの外にも暴風雨で当日船が欠航していたのに佐渡に出張したというケースもありました。カラ出張だけでなく、実際には雇用していないのに雇用したことにするカラ雇用、買っていないのに買ったことにするカラ購入などもあります。カラ雇用した人がカラ出張したということにして二重に不正取得するという信じられないものもありました。視察と称して議員が海外とか国内の視察旅行をすることがありますが、実際には観光旅行であることが多いこともわかっています。ムダ出張や観光目的の視察旅行というのもあります。市民オンブズマンが調査したところ、夏は北海道、冬は九州・沖縄に出張する傾向がでました。グリーン車が走っていないのにグリーン料金を請求したり、飛行機のファーストクラスの旅費をもらっていながらビジネスクラスにのって差額を不正に

受け取るというのもあります。電話かＦＡＸで問い合わせればすむのにわざわざ職員数名が出張するというケースもあります。行政を監視する立場にある監査委員が北欧に視察旅行と称して観光旅行をしたことが明るみに出ました。16日間の日程で1人当たり160万円も使い、調査したのはわずか4時間だけでした。

　このような不正を調べるためには、出張・旅行日程、出張先・視察先、費用、視察報告書などの公開請求をします。

　カラ出張の例ですと、まず一定期間の旅行命令簿と復命書・旅行報告書その他関係書類の公開請求をします。それを分析して論理的にあり得ない出張のケースを探し出します。愛知県議会の議員が年度末の3月26日から31日までの6日間に144回もの出張をしたことが判明し、裁判になって出張費を返還させたということがありました。

　市民オンブズマンの活躍で、これら地方自治体のカラ出張などは相当減りました。

　しかし国レベルでは、外務省の機密費流用問題に端を発し、報償費、謝金などの使途に強い疑問がもたれることとなりました。これまで手つかずだった国のレベルの不正な出費を情報公開法の活用で、次々と明らかにすることができます。

第6章　情報公開の実務、判例の現状と課題

〔1〕　健康茶事件

　事業活動情報について、東京都公文書の開示等に関する条例では、原則的には事業活動情報を含む公文書も開示されます。しかし、例外的に、開示することにより事業者の競争上又は事業運営上の地位その他の社会的な地位が損なわれる情報が記録された公文書は非開示とすることができるとされています。ただし、①人の生命・身体・健康を保護するために必要な情報、②違法・不当な事業活動によって生ずる支障から人の生活を保護するために必要な情報、③消費生活その他都民の生活を保護するために必要な情報その他開示することが公益上特に必要であると認められる情報が記録されたものは非開示とすることができないとされています。

　東京地方裁判所平成6年11月15日判決は、事業活動情報に関して、非開示とした東京都知事の決定を取り消す判決をしています。

【事案の概要】

　東京都が市販のウーロン茶等の食品検査をしたところ、一部商品から有機塩素系農薬BHCが検出されたとの報道がなされました。そこで東京都知事に対して、請求対象を「都立衛生研究所の調査により相当量の農薬が検出された『健康茶』の商品名と検出量が搭載された資料」として公文書の開示請求をしたところ、非開示とされました（ただし、異議申立後には、商品特定事項を除く部分が開示されました）。

【裁判所の判断】

　本件条例は、①東京都が保有する情報を都民に公開し、都民と都政との信頼関係を強化して、地方自治の本旨に即した都政を推進することを目的とし

ていること、②例外的に非開示とされるものを除いては、原則として公文書を開示すること、③条例の解釈・運用にあたっては都民の開示請求権を充分尊重すべきこと、④例外的に非開示とされる場合を、事業者の競争上の地位等が「損なわれると認められる」場合と定めていること、これらの点から、本件条例が例外的に非開示とできる事業活動情報として規定している「競争上又は事業運営上の地位その他社会的な地位が損なわれると認められるもの」とは、事業者の事業活動に何らかの不利益が生じるおそれがあるというだけでは足りず、その有している競争上等の地位が当該情報の開示によって具体的に侵害されることが客観的に明白な場合を意味するものと解すべきとしました。また、競争上の地位が具体的に侵害されるか否かは、当該情報の内容・性質を初めとして、法人等の事業内容、当該情報が事業活動等においてどのような意味を有しているか等の諸般の事情を考慮して判断すべきとしました。

そして、本件情報に関しては、①商品販売という事業活動は、本来、情報を積極的に公開して成り立つという側面があること、②相当の費用を投じれば誰でも調査分析できること、③商品の品質・性状に関する情報は商品流通後はこれを秘匿すべき合理的理由がなく、秘匿することはほとんど不可能であること、④情報の公表によって、商品の販売力・収益力に不利益が生じるとしても、それはもともと当該商品の品質・性状の格差に由来するものであることなどから、本件情報は非開示とすることはできないとしました。

〔2〕 安威川ダム地質調査報告書公開請求事件判決

大阪高等裁判所平成6年6月29日判決（判例タイムズ890号85頁）

ダム建設について、住民が自治体に対しダムサイト候補地の調査資料の公開を情報公開条例に基づいて請求し、一部不開示の決定がなされたため、訴訟でその不開示決定を争う、こうした情報公開請求についての判決が、いくつか出されています。本件判決は、安威川ダム建設予定地のダムサイト地質調査報告書についての判決で、大阪府のなした非公開決定を取り消したものです。なお、大阪府からの上告は最高裁において棄却されています（最高裁

平成 7 年 4 月 27 日判決)。このほかに、ダムサイト候補地に関する情報公開請求事件の判決としては、鴨川ダムサイト候補地図面公開請求事件についての京都地裁平成 3 年 3 月 23 日判決 (判例タイムズ 775 号 85 頁—非公開決定を取り消しています)、その控訴審の大阪高裁平成 5 年 3 月 23 日判決 (判例タイムズ 828 号 179 頁—非公開決定を支持しています) 及びその上告審の最高裁平成 6 年 3 月 25 日判決 (判例タイムズ 864 号 195 頁—上告棄却しています) があります。

【事案の概要】

　大阪府茨木市の安威川上流に建設計画中のダム建設をめぐって、原告は安威川ダム反対市民の会を結成し、大阪府に対し、同ダムの情報公開を求めていました。1984 年 10 月 1 日「大阪府公文書公開条例」が施行されたので、原告は同日、本条例に基づき、府がダムサイト候補地の地質調査を民間業者に委託して得られた調査資料である報告書の公開を求めました。府は、同ダムサイト予定地における地質調査の結果、分析等が記載されている報告書に記載された情報は、同条例 8 条 4 号 (「府の機関又は国等の機関が行う調査研究等に関する情報であって、公にすることにより、当該又は同種の調査研究、企画、調整等を公正かつ適切に行うことに著しい支障を及ぼすおそれのあるもの」) および 9 条 1 号 (「個人の財産に関する情報であって、特定の個人が識別され得るもの」) の公開除外事由に該当するとして、これらの情報を一部非公開処分としました。本件は、この処分を不服とした原告が不開示処分の取消を求めた行政処分取消請求事件です。原審大阪地裁平成 4 年 6 月 25 日判決は、当該情報は本条例 8 条 4 号に該当するとして原告の請求を棄却しました。

【裁判所の判断】

　本判決は、本件不開示部分は、専門家が調査した自然界の客観的、科学的な事実およびこれについての客観的、科学的な分析であり、安威川ダム建設に伴う調査研究、企画などを遂行するのに誤解が生ずるとは考えられず、また、不開示部分は、付近の土地全体についての自然科学上の情報にすぎないとしました。同条例で規定された同条例 8 条 4 号及び同条例 9 条 1 号のいずれの不開示事由にも該当しないとして、府の不開示決定処分を適法とした原

判決を取り消し、不開示決定処分を違法としたのです。情報公開という点からは、積極的に評価できる判決です。

〔3〕 日の出町廃棄物処分場事件

東京高等裁判所平成9年6月23日決定（判例タイムズ941号298頁）

　東京都日の出町の一般廃棄物処分場の周辺住民が、同処分場からの汚水漏れ疑惑をめぐって、日の出町や同処分場の設置、管理をしている処分組合に対し、水質検査データ等の資料等の閲覧謄写を求める仮処分申請をしました。東京地裁八王子支部はこれを認める決定をしましたが、本決定は、現決定を覆し、住民らの仮処分申請を認めませんでした。前記八王子支部は、同支部の仮処分に従わなかった日の出町らに間接強制金の支払いを命じておりましたが、支払われた間接強制金の額が合計1億9000万円を越えていたことからも注目されました。

　なお、本決定は、仮処分に関するものですが、その本案に当たる訴訟では、本決定とは異なる判断をしています。すなわち、日の出町らから住民らに対し、資料閲覧謄写請求権不存在確認の訴えが提起され、住民らも閲覧謄写請求の反訴を提起した本案によって、この一審判決である東京地裁八王子支部平成8年2月21日判決は、日の出町らの請求を住民らから反訴が提起されたので二重起訴に当たるとして却下し、住民らの反訴請求については、電気伝導度データの一部を除き水質検査データ等の資料の閲覧謄写を命じる判決をしています。その控訴審である東京高裁平成9年8月6日判決（判例タイムズ960号85頁）も、住民らの請求を認めています。

【事案の概要】
　東京都日の出町の一般廃棄物処分場の周辺住民（抗告相手方）は、同処分場からの汚水漏れ疑惑をめぐり、処分場の設置、運営、管理にあたる地方自治法上の一部事務組合である廃棄物広域処分組合（抗告人処分組合）及び地方公共団体である日の出町（抗告人日の出町、処分組合と併せて抗告人らという）に対し、自治会との間の公害防止協定に基づき処分場地下水の水質検査データ等の閲覧謄写請求をしました。しかし、抗告人らは、この請求を拒

否しました。そこで、抗告相手方は東京地裁八王子支部に資料閲覧謄写許容仮処分の申請をし、同裁判所は平成7年3月8日これを認容する仮処分決定をしました。抗告人らがこの仮処分決定に従わなかったため、同裁判所は、抗告相手方の申立により、抗告人らに対し1日あたり15万円（後に1日当たり30万円に増額）の間接強制金の支払いを命じました。抗告人らは、同裁判所の仮処分決定を不服として、保全異議の申立をしましたが、同裁判所は平成7年9月4日同仮処分決定を認可する（認める）決定をしました。本件は、この決定を不服とした抗告人らからの保全抗告事件に対する決定です。なお、日の出町には28の自治会があり、公害防止協定は、処分場が設置される第3自治会と覆土用残地置き場等が設けられる第22自治会と抗告人らとの間で締結されていました。抗告相手方は第22自治会の会員でした。抗告人らは、これら両自治会との間で別々に公害防止細目協定を締結していました。第3自治会の細目協定では報告の対象になっていた処分地下水の水質検査データが、第22自治会の細目協定では除外されるなど、抗告人処分組合の自治会への報告内容に相違があり、本件では、第22自治会の会員が第3自治会の公害防止協定12条（4）の「乙（抗告人処分組合）は、処分場に関する資料の閲覧等について、周辺住民から要求があったときは、甲（抗告人日の出町）を通じて資料の閲覧又は提供を行わなければならない」における「周辺住民」に含まれるか等が争点とされました。

【裁判所の判断】

本決定は、①公害防止協定が締結された経緯からして、抗告人処分組合、抗告人日の出町および第3自治会の三者間に締結されている同協定第12条（4）所定の「周辺住民」には、右自治会員以外の者は含まれない、②右抗告人らと日の出町第22自治会の三者間に締結されている公害防止協定第12条（4）所定の「処分場に関する資料」には、本件処分場そのものの地下水の水質検査等の結果の資料は含まれない、として、八王子支部のなした仮処分決定を取り消しました。

なお、本決定とは異なり、住民らの請求を認めた本案訴訟東京高裁平成9年8月6日判決の判断は、次のとおりです。

公害防止協定は、「周辺住民から要求があったときは、甲（控訴人日の出

町）を通じて資料の閲覧又は提供を行わなければならない。」と定められており、第22自治会の区域内に居住する住民である被控訴人は、右「周辺住民」に該当すると解されるから、閲覧謄写請求権を有する。公害防止協定は、周辺住民が閲覧謄写をすることのできる本件処分場に関する資料の範囲について何らの制限を付していないから、第22自治会の周辺住民が本件協定に基づいて処分組合に対して閲覧謄写を請求することができるのは、本件処分場に関するすべての資料であると解するのが相当であり、控訴人ら（日の出町及び処分組合）が第22自治会に対し報告義務が課せられている資料の範囲に限られると解する根拠は見あたらない、などとして、住民らの資料請求を認めています。

〔4〕 民事訴訟における刑事事件記録の活用
　　　――文書送付嘱託――

刑事事件記録の必要性と実情

　詐欺商法を行なっていた事業者に対して不法行為に基づく損害賠償を請求する場合などにおいては、被害者からの事業者に対する民事訴訟と並行して、事業者の代表者らが刑事事件として起訴されている場合があります。こうしたケースでは、刑事裁判において検察官から提出された証拠の中に事業者の経営の実態などを明らかにするうえで重要な証拠が多数存在しています。こうした証拠は、民事事件においても真相を明らかにするうえで必要不可欠なものです。

　しかし、刑事判決が確定したあとの刑事事件記録については、「刑事確定訴訟記録法」によって閲覧が認められ、場合によっては謄写も可能ですが、刑事裁判が進行中の記録については閲覧・謄写についての規定はなく、閲覧・謄写が認められるかどうかは、基本的には刑事裁判が係属している裁判所の裁量によることとされています。このため、進行中の刑事裁判の記録を民事訴訟で活用することは一般的に難しいとされてきました。

進行中の刑事訴訟記録が民事訴訟で活用された例

　しかし、近時、各地の裁判所において民事訴訟における刑事記録の重要性が認識されるようになり、次のように民事の裁判所から刑事の裁判所に対して文書送付嘱託を行なうことによって、刑事事件の確定を待たずに刑事記録を民事訴訟においても証拠として活用する工夫がなされています。

①無価値な中国茶をマルチ的に販売した業者の経営者らに対し詐欺行為として損害賠償請求をした事案で、経営者らに対する詐欺被告控訴事件の係属先である高松高等裁判所に対して広島地方裁判所より刑事一件記録の送付を求め、送付された記録を弁護団において謄写のうえ証拠として提出しました（広島地裁平成元年（ワ）第276号）。同判決の証拠表示中にも進行中の刑事記録を証拠としたとする記載があります。

②建設中の橋桁が落下して14人の死者が出た事故の注文者である広島市に対して損害賠償請求をした事案において、工事責任者の刑事記録により事実関係を明らかにすべく、民事の裁判所裁判長が同じ裁判所の刑事の裁判所裁判長と協議したうえ、進行中の一件刑事記録を民事の裁判所に事実上送付（顕出）した扱いにして、原告において謄写のうえ証拠として提出させました（広島地裁平成4年（ワ）第1032号）。同判決の証拠表示中にも進行中の刑事記録を証拠としたとする記載があります。

③高島屋がなした総会屋に対する利益供与についての株主代表訴訟（大阪地裁平成8年（ワ）第8446号）においても、同じ裁判所の民事の裁判所裁判長が刑事の裁判所裁判長と折衝して刑事記録を民事部に送付した扱いにしつつ、実際には刑事部に原告代理人が赴き書記官立会いのうえ記録を閲覧し、手書きにより写しを作成する方法が取られました。なお、この事件においては、記録の閲覧後、和解により事件が解決したため、右閲覧による書証は民事の裁判所には提出されてはいません。

④ココ山岡宝飾店で5年後買戻しを条件にダイヤモンドを購入した人達が、ココ山岡が倒産したために買戻しが受けられなくなったとして信販会社を被告として立替金債務不存在や損害賠償請求を求めた訴訟が横浜地方裁判所を初めとして全国各地に係属しました。同訴訟においては、横浜地方裁判所に係属していたココ山岡の元役員に対する詐欺被告事件等の記録が極めて重要

でしたが、民事訴訟について結成された全国弁護団連絡会と横浜地方裁判所の刑事の裁判所および民事の裁判所との間で事前に協議がなされ、とりあえず起訴状、冒頭陳述書、証拠等関係カードが、横浜の刑事の裁判所から民事の裁判所を通じて、全国各地の民事の裁判所に送付嘱託により送付される扱いがなされました。同事件も、その後、全国統一和解による解決が目指されることになったため、さらなる証拠を含めた広範囲な刑事記録の送付へとは進展しませんでしたが、全国各地の民事の裁判所において、進行中の刑事記録の活用にむけた工夫がなされた例といえます。

〔5〕 住友化学に対する文書提出命令

　民事訴訟における情報公開の手法として文書提出命令が規定されていることは前述しました。この文書提出命令に関して、東京高等裁判所民事第二部平成11年4月15日決定は、農薬の毒性データについて、企業に文書の提出を命じています。ただし、裁判所は本件文書を第三者に見せないことと事件終了後は破棄すること等の誓約書を代理人及び分析する専門家に提出させており、同様のデータがアメリカでは原則自由に入手でき、評価結果も公表されていることと比較すると、依然として公開の度合いは低いといえます。

【事案の概要】
　厚生大臣が定めたフェニトロチオン（有機リン系殺虫剤）等食品中の農薬残留基準が緩やかであるため、国民の健康が侵害されるおそれがあるとして、当該基準の取消と健康権侵害による損害賠償を求めた訴訟の控訴審（一審は原告の全面敗訴）で、厚生大臣が定めた残留基準では、アメリカ環境保護庁が定める1日摂取許容量を超えて摂取することになるため、フェニトロチオンの毒性データを入手して、専門家に分析してもらう必要があるとの理由から、当該毒性データに関する文書の提出を求める文書提出命令の申立をしました。

【裁判所の判断】
　①当該文書に技術又は職業の秘密に関する事項が記載されている場合には、当該文書の所持者に文書の提出を命ずることができないが（民事訴訟法

220条4号ロ・197号1項3号)、本件文書は、厚生省において一般の閲覧に供されているのであるから、記載自体は「技術又は職業の秘密に関する事項」に該当しないこと、②本件文書は動物実験データであって、これを利用することによって類似の農薬を開発することは考え難いこと、③仮に競争業者が本件文書を利用しても、所持者の受ける経済的不利益は、職業遂行維持が著しく不可能または困難という程度には至らないと推測されること、④損害賠償請求を求める部分に関して、本件文書を証拠として取り調べる必要性が高いこと、以上の点から、提出を命じました。

〔6〕 食糧費の情報公開の実務と判例の整理

食糧費とは何か？

　食糧費という言葉は一般にはなじみがありませんが、国や地方自治体が会議・懇談会などの際の食事代、茶菓代などにあてる費用のことです。市民オンブズマンの活躍で官官接待という言葉が流行語になり、税金である食糧費を湯水のように使って公務員が高級料亭で飲み食いする腐敗ぶりが明らかになりました。

　実は市民オンブズマンも最初の頃は「交際費」で不正が行われているのではないかと考え、知事の交際費の支出に関する情報公開請求を中心にしてきました。ところが試行錯誤しながらいろいろと調べていくと、交際費とは桁違いに大きい予算の食糧費の支出で不正が行われていることがわかってきました。特に地方自治体が東京事務所を開設してそこで中央政治との折衝を行っていますが、その東京事務所の職員による中央官僚の接待が明るみにでました。そこで全国の市民オンブズマンは1995年4月に情報公開条例を使って食糧費に関する全国一斉の情報公開請求をし、これによって市民が行政を監視できるという道筋をつけました。

食糧費に関しどんな情報があるか？

　食糧費の情報公開請求をする場合、請求する期間と部局を特定して請求するのが普通です。たとえば「1999年度から2000年度の土木部の食糧費に関

する一切の資料」というように特定して請求します。行政が実際に作成している主なものは、食糧費支出伺、支出負担行為兼支出命令決議書、支出命令票、請求書、出席者名簿などです。

　市民オンブズマンが請求を始めるようになった当初は、会議の場所（料亭、旅館など）、会議に参加した相手方の氏名（建設省の高級官僚）はもちろんのこと、職員の氏名すら墨塗りにしていました。そこで、全国各地で情報公開訴訟が提起されました。

食糧費に関する判例

　食糧費に関する情報公開については、判例は、公開の範囲を広げる方向で進んでいるといえます。
①最高裁判所の判決としては、大阪府水道部懇談会議費に関し平成6年2月8日のものがあり、その後のリーディングケースとなっています（民集48巻2号255頁）。
【事案の概要】
　大阪府民が大阪府水道部における1984年12月の会議接待費、懇談会費の支出に関する支出伝票、債権者の請求書、経費支出伺の文書の公開請求をしたところ、大阪府が不開示決定をしたためその取消を求める訴訟が提起されました。一審、二審とも原告の請求を認め、大阪府が上告していましたが、最高裁は上告を棄却しました。
【裁判所の判断】
　最高裁は、実施機関は、当該懇談会等が企画調整等事務又は交渉等事務に当たり、しかも、それが事業の施行のために必要な事項についての関係者の内密の協議を目的として行われたものであり、かつ、本件文書に記録された情報について、その記録内容自体から、あるいは他の関連情報と照合することにより、懇談会等の相手方等が了知される可能性があることを主張立証する必要があるとしたうえで、この判断を可能とする程度に主張・立証しない限り、本件文書の開示による当該又は同種の事務の公正かつ適切な執行に著しい支障を及ぼすおそれがあると断ずることはできないと判示しました。実施機関に不開示事由の主張・立証責任を課したのです。なおこのケースでは

懇談会の相手方の氏名は記載されていませんでした。
②出席した公務員などの氏名の公開についての先駆的判例としては、宮城県財政課の食糧費に関する仙台地方裁判所の平成8年7月29日の判決があります（判例時報1575号31頁）。

【事案の概要】

　仙台市民オンブズマンのメンバーが県総務部財政課の食糧費支出に関する一切の資料の開示を請求したところ、宮城県知事はそれに該当する食糧費支出伺、支出負担行為兼支出命令決議書、請求書のうち、懇談会の目的、開催場所、出席者並びに懇談会にかかる債権者名および口座名が記載されている部分を非開示としたため訴訟が提起されました。

【裁判所の判断】

　公務員については、その職務執行に際して記録された情報に含まれる役職や氏名は、当該公務を遂行した者を特定し、場合によっては責任の所在を明示するために表示されるにすぎないものであって、それ以上に公務員の個人としての行動ないし生活に関する意味合いを含むものではないからプライバシーが問題になる余地はないとしました。

　懇談会の相手方が私人である場合でも、本件は民間の金融機関の職員のみでいわば公務に準ずる公益的な事業に関するものであるとしました。

　また飲食業者である債権者名、その金融機関口座に関する情報や代表者印等についても秘密に管理している事柄ではないとして、不開示決定を取り消しました。

　その後も、大阪地裁平成9年3月25日の判決（行集48巻3号219頁）、鹿児島地裁平成9年3月25日の判決（判例自治173号9頁）など不開示決定の取消を命ずる判決が続いており、その傾向は定着したといってよいでしょう。

公務員の個人情報と情報公開法との関係

　行政が適正に行われているかを監視し責任の所在を明確にするには、公務員の氏名の公開が不可欠といえます。この点に関し情報公開法は、法令の規

定により又は慣行として公にされ、又は公にされることが予定されている情報である場合は別として、公務員の氏名は不開示にできることとしています（第5条1号イ、ハ）。この規定は情報公開条例の従来の判例理論を後退させかねないものです。最近では公務員の氏名を開示する自治体や山梨県、千葉県、岐阜県その他これを条例で定める自治体もあります。法改正するか、個人情報であってもプライバシーと関係ない情報はそもそも法は不開示の対象としていないとの解釈をするか、公にされることが予定されている情報の解釈によって妥当な結論を導く必要があります。

第7章　コンメンタール情報公開法

　2000年4月1日から情報公開法が施行されます。この法律によってどのような情報がどのように公開されるのかを、消費者の立場からみてみましょう。ここでは消費者・市民が情報公開法を活用するために、特に重要な条文についてのみ解説することにします。

> **第1条　目的**
> 　この法律は、国民主権の理念にのっとり、行政文書の開示を請求する権利につき定めること等により、行政機関の保有する情報の一層の公開を図り、もって政府の有するその諸活動を国民に説明する責務が全うされるようにするとともに、国民の的確な理解と批判の下にある公正で民主的な行政の推進に資することを目的とする。

【解説】

　安全な暮らし、環境によい商品、住みよいまちづくり、廃棄物処理・処分施設の実態、安心できる医療や高齢者福祉、公共事業と予算の使い方など、私たちが日常生活に関することで知りたいことがたくさんあります。行政機関には国民の共有財産ともいうべき情報が集まっています。この情報公開法は、憲法の基本である国民主権の理念を実現するために、行政文書の公開請求権を国民の権利として認め、その実施の手続きを定めた法律です。国民の知る権利という言葉は使われていませんが、どのような政策がとられ、どのように実行されているのかについて、行政側に説明責任があることを明らかにしています。

　1996年12月に行政改革委員会が答申した情報公開法要綱案では、国民の

「監視と参加」に資するための制度であるとしていましたが、法制化にあたって「国民の的確な理解と批判」といいかえられました。しかし、市民が国の情報公開制度によって情報を得て、国の施策や政策の当否を判断し、監視だけでなく、市民の側から代替案を提案することも必要です。そのために、情報公開請求する権利を市民の法的権利と認め、例外的に非公開とすべき場合及び実施の手続きを定めています。

第2条第1項（行政機関）
　この法律において「行政機関」とは、次に掲げる機関をいう。
一　法律の規定に基づき内閣に置かれる機関（内閣府を除く。）及び内閣の所轄の下に置かれる機関
二　内閣府、宮内庁並びに内閣府設置法（平成11年法律第89号）第49条第1項及び第2項に規定する機関（これらの機関のうち第4号の政令で定める機関が置かれる機関にあっては、当該政令で定める機関を除く。）
三　国家行政組織法（昭和23年法律第120号）第3条第2項に規定する機関（第5号の政令で定める機関が置かれる機関にあっては、当該政令で定める機関を除く。）
四　内閣府設置法第39条及び第55条並びに宮内庁法（昭和22年法律第70号）第16条第2項の機関並びに内閣府設置法第40条及び第56条（宮内庁法第18条第1項において準用する場合を含む。）の特別の機関で、政令で定めるもの
五　国家行政組織法第8条の2の施設等機関及び同法第8条の3の特別の機関で、政令で定めるもの
六　会計検査院

【解説】
　公開請求できる行政機関は、中央政府機関、審議会、検査機関、地方の出先機関などです。複雑な条文になっているのは、公開請求先が一部の機関で例外として上部機関から独立しているためです。詳細は情報公開法施行令を

みる必要があります。

たとえば、施行令で第4号の「特別の機関」とされた警察庁に関する情報の請求先は、第2号の国家公安委員会ではありません。施行令で第5号の「特別の機関」とされた検察庁は、第3条による法務省ではないことになります。

国民生活センターや動力炉・燃料開発機構（現在は核燃料サイクル機構に名称変更）など特殊法人や独立行政法人には情報公開法は適用されませんが、情報公開法公布後2年を目途として、特殊法人等情報公開に関する法律案を国会に提出する（第42条、附則第2項）とされました。但し、第5号の「施設等機関」とされた国立大学、大学共同利用機関、学位授与機構、国立学校財務センターは、情報公開法の対象機関となります。

第2条第2項（行政文書）

　この法律において「行政文書」とは、行政機関の職員が職務上作成し、又は取得した文書、図画及び電磁的記録（電子的方式、磁気的方式その他人の知覚によっては認識することができない方式で作られた記録をいう。以下同じ。）であって、当該行政機関の職員が組織的に用いるものとして、当該行政機関が保有しているものをいう。ただし、次に掲げるものを除く。

一　官報、白書、新聞、雑誌、書籍その他不特定多数の者に販売することを目的として発行されるもの

二　政令で定める公文書館その他の機関において、政令で定めるところにより、歴史的若しくは文化的な資料又は学術研究用の資料として特別の管理がされているもの

【解説】

　公開請求の対象となる行政文書は、行政機関が自ら作成した文書だけでなく、他の行政機関や民間から取得して保有している文書も含みます。

　今日では、情報は電子情報化された場合など紙に書かれたり印刷されているとは限りませんので、電子情報や磁気化された情報を含むと明記しています。録音テープも含まれます。HIV事件では、当時の厚生大臣の私的諮問機

関であったエイズ研究班の会議の録音テープが重要な情報であったことは記憶に新しいところです。

「職員が組織的に用いるもの」とは、組織内で決裁を経た文書という意味ではありません。職員の個人的なメモや日記などは含まれないことを述べたもので、いわゆる決裁を経ていない文書でも、その行政機関の職員が職務として使用することを前提とした文書は「組織的共用文書」に含まれます。たとえば、HIV事件で存在が明らかになった、いわゆる「郡司ファイル」に収録されていた文書はすべて、その行政機関の仕事のために保有されていたものというべきですから、「組織的に用いるもの」にあたります。

第3条（開示請求権）
　何人も、この法律の定めるところにより、行政機関の長（前条第1項第4号及び第5号の政令で定める機関にあっては、その機関ごとに政令で定める者をいう。以下同じ。）に対し、当該行政機関の保有する行政文書の開示を請求することができる。

【解説】
「何人」も公開請求をできると定めており、日本国民に限定されませんし、外国籍の人や法人も法人格のない団体も公開を請求することができます。外国に住む外国籍の人も含まれます。アメリカの情報自由法では日本人もアメリカ政府に情報公開を求めることができますが、アメリカ人も日本政府に公開請求ができることになります。これまでは、アメリカ政府に公開請求をして、日本に関わる情報が段ボール一杯送られてくるということがありましたが、今後は逆のことがおこりうるわけです。請求先については、第2条第1項の解説でふれています。

第5条（行政文書の開示義務）
　行政機関の長は、開示請求があったときは、開示請求に係る行政文書に次の各号に掲げる情報（以下「不開示情報」という。）のいずれかが記録されている場合を除き、開示請求者に対し、当該行政文書を開示しな

ければならない。

【解説】

　開示請求に対して、開示が原則であることを明記したものです。この法律で不開示情報とされている情報以外は、公開請求者に対して開示しなければなりません。不開示情報は、本条の1号から6号に列記されています。

第5条第1号（不開示情報1―個人情報）
　個人に関する情報（事業を営む個人の当該事業に関する情報を除く。）であって、当該情報に含まれる氏名、生年月日その他の記述等により特定の個人を識別することができるもの（他の情報と照合することにより、特定の個人を識別することができることとなるものを含む。）又は特定の個人を識別することはできないが、公にすることにより、なお個人の権利利益を害するおそれがあるもの。ただし、次に掲げる情報を除く。
　イ　法令の規定により又は慣行として公にされ、又は公にすることが予定されている情報
　ロ　人の生命、健康、生活又は財産を保護するため、公にすることが必要であると認められる情報
　ハ　当該個人が公務員（国家公務員法（昭和22年法律第120号）第2条第1項に規定する国家公務員及び地方公務員法（昭和25年法律第261号）第2条に規定する地方公務員をいう。）である場合において、当該情報がその職務の遂行に係る情報であるときは、当該情報のうち、当該公務員の職及び当該職務遂行の内容に係る部分

【解説】

　開示請求を受けた情報の中に特定の個人が識別できるもの、又は識別できなくてもその個人の権利利益を害するおそれがあるものを、一定の例外の他は、開示しなくてよいものとして除外しています。しかし、行政機関がもっている情報で特定の個人が識別できるものであれば全く公開されないというのでは、情報公開制度は意味がなくなります。人は他から干渉されずに平穏

に暮らす権利があり、個人のプライバシーは保護されなければなりませんが、個人が識別される情報がすべてプライバシーにあたるものではありません。本来、このような個人を識別できる情報を原則として非開示とする考え方は原則公開の趣旨に反するものです。

　個人識別情報をすべて非開示とすると、非開示の範囲が広すぎることから、この法律では、個人が識別される場合でも公開しなければならない場合として、次の3項目をあげています。

イ　法律の規定や慣行から公にされ、又は公にされることが予定されている情報

ロ　人の生命、健康、生活又は財産を保護するため、公にすることが必要であると認められる情報

ハ　公務員の職務の遂行にかかる情報で、公務員の職及び職務の遂行の内容にかかる部分

　個人を識別することができる情報のうち、その部分を除くことによって個人の権利利益が害されるおそれがないと認められるときは、その部分を除いて開示するとされています（第6条第2項）。

　たとえば、立法段階での議論では、課長職以上については職員録などで既に氏名が公表されていることから、個人名も公開対象となるとされています。条例について、行政文書に記載された公務員の役職、氏名は個人に関する情報ではない（仙台地裁判決平成8年7月29日）として、公開を命じた判決が多数あります。また、行政との懇談会に参加した民間人の氏名も公開すべきとの判例も出ています。この点については、第6章の「食糧費の情報公開の実務と判例の整理」をご覧下さい。具体的にどのような場合に非開示とされるのかは判例を積み重ねていくことになりますが、何時、誰が、どのような討議や決定に関わっていたのかが明らかになることは、公正な行政が担保され、公務員の責務が全うされるために不可欠なのです。

　人の生命、健康、生活又は財産を保護するために必要な情報には、たとえば、欠陥自動車の設計者、安全テストの実施者の氏名、住所などは、個人情報ですが開示されるべきです。

　また、他の非開示情報でも共通ですが、「個人の権利利益が害されるおそ

れ」とは、抽象的ではなく、具体的で明白であることが必要です。

第5条第2号（不開示情報2—法人等情報）

　法人その他の団体（国及び地方公共団体を除く。以下「法人等」という。）に関する情報又は事業を営む個人の当該事業に関する情報であって、次に掲げるもの。ただし、人の生命、健康、生活又は財産を保護するため、公にすることが必要であると認められる情報を除く。

イ　公にすることにより、当該法人等又は当該個人の権利、競争上の地位その他正当な利益を害するおそれがあるもの

ロ　行政機関の要請を受けて、公にしないとの条件で任意に提供されたものであって、法人等又は個人における通例として公にしないこととされているものその他の当該条件を付することが当該情報の性質、当時の状況等に照らして合理的であると認められるもの

【解説】

　行政機関には、企業（個人事業を含む）や社団法人、財団法人、特殊法人など法人・団体から提出義務に従って提出された情報や、任意に提出された情報がたくさんあります。法律は、法人の競争上の地位その他正当な権利を害するおそれのあるもの、及び、公にしないとの約束のもとに任意提供された情報について、その条件が合理的であるものを非開示とし、人の生命、健康や財産を保護するために必要である場合は例外として開示するという複雑な構造をとっています。

　製品の製造工程やノウハウなど、企業秘密として保護されるべき情報については、人の生命健康などに関わる場合を除いて開示されないことは当然です。ただし、消費生活や市民生活に関する情報はほとんど企業活動と関連しており、このような法人等からの情報がなければ行政の仕事はできませんし、安全で公正な消費者行政が行われるためには、これらの情報が国民にも知らされることが必要です。また、消費者・市民は自分たちが安全な生活を確保するために、これらの情報を知る権利があります。

　立法過程で、企業などが公にしないとの条件のもとで行政機関から提供を

求められて提出した情報の取り扱いが問題になってきました。行政機関は企業等からの情報をより多く入手するためにこのような約束をして企業等を安心させて協力させたいと考えるのですが、秘密特約をして得た情報は公開しなくてもよいとすると、企業と行政との間で消費者に公開すべき情報を隠してしまうことになりかねません。そこで、「公にしないとの条件を付けることがその情報の性質やその条件が付けられた当時の状況等に照らして合理的であると認められるもの」に限って、公開しなくてよいとされました。しかしながら、時代とともに、安全や公開についての意識が大きく変化しています。人の生命健康に関わる情報を公開しないとの条件を付して提出させたり、提出することの合理性は厳格に解釈されるべきです。

　なお、但書で、人の生命、健康、生活、財産を保護するため、公にすることが必要であると認められる情報は、企業秘密や秘密特約付きで収集されたものであっても、公開するべきとしています（本文但書）。消費者問題に関する情報のほとんどはこの場合に該当するので、あきらめずに情報公開請求をすることが重要です。

> **第5条第3号（不開示情報3—防衛・外交情報）**
> 　公にすることにより、国の安全が害されるおそれ、他国若しくは国際機関との信頼関係が損なわれるおそれ又は他国若しくは国際機関との交渉上不利益を被るおそれがあると行政機関の長が認めることにつき相当の理由がある情報

【解説】
　いわゆる防衛外交情報については、「国の安全や他国などとの信頼関係が損なわれ、又、外交交渉上不利益があるおそれ」ではなく、そのように行政機関の長が判断することに相当の理由がある情報は不開示とできることになっており、行政機関の長の開示、不開示の判断の相当性が問題とされるに過ぎません。この考え方が拡大解釈されると、かつてアメリカで軍で消費されるピーナッツの量が軍の規模が敵に明らかになるとの理由で非公開とされたように、秘密の領域を不当に拡大してしまい、ひいては国益に反することに

もなりかねません。

外交情報の中でも、地球環境に関する条約交渉や原子力発電、貿易交渉など市民生活に大きく関わる重要なものがあります。「他国との信頼関係が損なわれ、また外交交渉上不利益があるおそれ」は厳格に解釈されるべきです。

> **第5条第4号（不開示情報4―警察情報）**
> 　公にすることにより、犯罪の予防、鎮圧又は捜査、公訴の維持、刑の執行その他の公共の安全と秩序の維持に支障を及ぼすおそれがあると行政機関の長が認めることにつき相当の理由がある情報

【解説】

警察情報についても、犯罪の予防など公共の安全秩序の維持に支障を及ぼすおそれについて、行政機関の長の開示、不開示の判断に裁量を認める規定になっていますが、公共の安全秩序の維持への支障を及ぼすおそれについて、厳格に解釈することが必要です。

> **第5条第5号（不開示情報5―意思形成過程情報）**
> 　国の機関及び地方公共団体の内部又は相互間における審議、検討又は協議に関する情報であって、公にすることにより、率直な意見の交換若しくは意思決定の中立性が不当に損なわれるおそれ、不当に国民の間に混乱を生じさせるおそれ又は特定の者に不当に利益を与え若しくは不利益を及ぼすおそれがあるもの

【解説】

国の機関及び地方公共団体内部及び相互間の審議、検討、協議等に関する情報の公開は、国の意思形成過程の透明化に不可欠です。安全基準の設定や安全性確認の実態、ゴミ処理施設の建設計画策定から決定までの検討事項など意思形成過程情報は、市民にとって大いに関心がある情報です。むしろ、市民が国や自治体の政策決定に無関心でいるのではなく、積極的に関わっていくことが、民主主義の基本というべきです。これからの日本の社会の課題

ともいうべき、行政政策の企画立案から策定、実施、見直しに至る全ての過程に市民が参加していくために、その基礎となるのが情報公開です。審議会等や審議資料が公開されることで、委員の率直な意見交換が損なわれたり、意思決定の中立性が不当に損なわれるおそれはないというべきでしょう。計画段階で公表されて国民の間で議論が起こっても、それは混乱ではなく、国民の納得を得た合意形成のために必要な議論のプロセスというべきです。また、計画が広く公開されないことで、一部の人が不当な利益を得ることにつながります。

　そこで、意思形成過程の情報も原則公開されるべきであり、特に、実験結果や各種データなど協議の前提事実に関する客観的データの情報や、既に協議を終えた事項についての協議経過などは、非公開とする合理的理由はありません。

第5条第6号（不開示情報6—行政執行情報）
　国の機関又は地方公共団体が行う事務又は事業に関する情報であって、公にすることにより、次に掲げるおそれその他当該事務又は事業の性質上、当該事務又は事業の適正な遂行に支障を及ぼすおそれがあるもの
　イ　監査、検査、取締り又は試験に係る事務に関し、正確な事実の把握を困難にするおそれ又は違法若しくは不当な行為を容易にし、若しくはその発見を困難にするおそれ
　ロ　契約、交渉又は争訟に係る事務に関し、国又は地方公共団体の財産上の利益又は当事者としての地位を不当に害するおそれ
　ハ　調査研究に係る事務に関し、その公正かつ能率的な遂行を不当に阻害するおそれ
　ニ　人事管理に係る事務に関し、公正かつ円滑な人事の確保に支障を及ぼすおそれ
　ホ　国又は地方公共団体が経営する企業に係る事業に関し、その企業経営上の正当な利益を害するおそれ

【解説】

　国や地方公共団体の事務事業に関する情報も、市民が行政の執行状況を評価し、政策の見直しを働きかけていくために必要不可欠です。特に、消費者の権利を高め、環境を保全し、安心して暮らせる社会を築いていくために、これからは、むしろ行政と市民とがパートナーシップで事業を執行していくことが必要となってきます。情報公開なくして、市民と行政との間によいパートナーシップ関係を築き事業を実施していくことはできないでしょう。

　法は、監査、契約、調査研究、人事他の事務・事業の性質上、当該事務又は事業の適正な遂行に支障を及ぼすおそれがあるものは非公開にできるとしています。「適正な遂行に支障を及ぼすおそれ」の判断は、その事務・事業によって、また、公開する時期によって、個別になされることが重要です。確かに試験問題や立ち入り検査の予定を事前に公開することは、その実施目的を失わせてしまいますが、事後には公開することが必要です。製品の安全性試験の結果は、直ちに国民に公開されるべきものです。

不公開事由の立証責任

【解説】

　このように、法は6項目の不開示情報の範囲を定めていますが、公開請求を受けて、非公開とするとき、その情報が法律に定める不開示情報に当たるとの立証責任は行政機関の側にあります。また、不開示情報の範囲について、「〜のおそれ」という記述になっていますが、「おそれ」についても、抽象的一般的な「おそれ」ではなく、具体的現実性を立証しなければなりません。

第6条（部分開示）

　行政機関の長は、開示請求に係る行政文書の一部に不開示情報が記録されている場合において、不開示情報が記録されている部分を容易に区分して除くことができるときは、開示請求者に対し、当該部分を除いた部分につき開示しなければならない。ただし、当該部分を除いた部分に有意の情報が記録されていないと認められるときは、この限りでない。

2　開示請求に係る行政文書に前条第1号の情報(特定の個人を識別する

> ことができるものに限る。）が記録されている場合において、当該情報のうち、氏名、生年月日その他の特定の個人を識別することができることとなる記述等の部分を除くことにより、公にしても、個人の権利利益が害されるおそれがないと認められるときは、当該部分を除いた部分は、同号の情報に含まれないものとみなして、前項の規定を適用する。

【解説】

　開示請求対象の情報の中に不開示とすべき部分が含まれていても、その部分を容易に取り除くことができる場合は、その部分を不開示として、その他を開示することを義務づけています。できるだけ国民の情報公開の要請に応えるための規定です。

> **第7条（公益上の理由による裁量的開示）**
> 　行政機関の長は、開示請求に係る行政文書に不開示情報が記録されている場合であっても、公益上特に必要があると認めるときは、開示請求者に対し、当該行政文書を開示することができる。

【解説】

　法第5条に定めた不開示情報に当たる場合であっても、なお公益上の必要があると認められる場合には、行政機関の長の裁量で開示できるとされています。しかし、情報公開制度は開示・不開示を行政の裁量に委ねないためのものであり、本条によって全部又は一部公開されることは、本来の情報公開制度を狭めることになるおそれがあります。第5条に定める不開示情報の範囲も、公益性を踏まえて運用されているはずのものです。この規定が意味を発揮するのは、行政機関が不開示情報の範囲を厳格に運用している場合に、なお公益性を拡大して運用する場合といえるでしょう。

> **第8条（行政文書の存否に関する情報）**
> 　開示請求に対し、当該開示請求に係る行政文書が存在しているか否かを答えるだけで、不開示情報を開示することとなるときは、行政機関の

長は、当該行政文書の存否を明らかにしないで、当該開示請求を拒否することができる。

【解説】

　個人の前科は通常開示すべきでない情報といえますが、前科に関する文書の開示請求に対して、存在を前提に回答すると、それだけで前科があることを開示したことになり、個人のプライバシーを開示したことになってしまうような場合には、当該文書があるともないとも応答しないで拒否することができるとしています。文書の存否すら明らかにしないというのは、情報公開制度の根幹に関わることで、国の安全保障や個人のプライバシーにかかわる重大な情報に限るべきです。アメリカでも判例で厳しい制限のもとに例外的に認められているものです。

第9条（開示請求に対する措置）
　行政機関の長は、開示請求に係る行政文書の全部又は一部を開示するときは、その旨の決定をし、開示請求者に対し、その旨及び開示の実施に関し政令で定める事項を書面により通知しなければならない。
2　行政機関の長は、開示請求に係る行政文書の全部を開示しないとき（前条の規定により開示請求を拒否するとき及び開示請求に係る行政文書を保有していないときを含む。）は、開示をしない旨の決定をし、開示請求者に対し、その旨を書面により通知しなければならない。

【解説】

　公開請求に対して、全部又は一部を開示する場合も、全部開示しない場合も、所轄行政機関の長はその決定を、書面によって、請求から30日以内に請求者に通知しなければなりません。ただし、事務処理上の困難など正当な理由がある場合は、さらに30日以内でこの期間を延長することができるとしています（第10条）。

　さらに、請求された文書が著しく大量であって、日常の業務の遂行に著しい支障が生じるおそれがある場合は、第10条に定めた計60日間に相当する部

分を開示する決定をして、残りの開示又は不開示決定を先に延ばすこともできるとされています（第11条）。その場合、残りの文書の開示決定等は「相当の期間内」とされていますが、期限が明確でなく、迅速な公開を骨抜きにすることになりかねません。

決定に対し不服があるときは、不服申立か裁判を起こします。その手続きについては、第2章の〔7〕〜〔9〕を参照して下さい。

第13条（第三者に対する意見書提出の機会の付与等）

　開示請求に係る行政文書に国、地方公共団体及び開示請求者以外の者（以下この条、第19条及び第20条において「第三者」という。）に関する情報が記録されているときは、行政機関の長は、開示決定等をするに当たって、当該情報に係る第三者に対し、開示請求に係る行政文書の表示その他政令で定める事項を通知して、意見書を提出する機会を与えることができる。

2　行政機関の長は、次の各号のいずれかに該当するときは、開示決定に先立ち、当該第三者に対し、開示請求に係る行政文書の表示その他政令で定める事項を書面により通知して、意見書を提出する機会を与えなければならない。ただし、当該第三者の所在が判明しない場合は、この限りでない。

一　第三者に関する情報が記録されている行政文書を開示しようとする場合であって、当該情報が第5条第1号ロ又は同条第2号ただし書に規定する情報に該当すると認められるとき。

二　第三者に関する情報が記録されている行政文書を第7条の規定により開示しようとするとき。

3　行政機関の長は、前2項の規定により意見書の提出の機会を与えられた第三者が当該行政文書の開示に反対の意思を表示した意見書を提出した場合において、開示決定をするときは、開示決定の日と開示を実施する日との間に少なくとも2週間を置かなければならない。この場合において、行政機関の長は、開示決定後直ちに、当該意見書（第18条及び第19条において「反対意見書」という。）を提出した第三者

> に対し、開示決定をした旨及びその理由並びに開示を実施する日を書
> 面により通知しなければならない。

【解説】

　開示請求にかかる情報が、国や地方自治体など行政及び請求者以外の第三者に関するものであるとき、第三者に開示又は不開示の意見書を提出する機会を与えたものです。個人情報や法人情報に関する情報では、一応不開示とすべき事情にあたるが、生命、健康、生活、財産を保護するために必要である場合には開示されることになっています。その場合に第三者に関する情報である場合は、意見を求めなければならないとされ、その他の場合は第三者への意見照会は行政の裁量に委ねられています。消費者の保護に関する情報は企業に関する情報であるのが通常であり、安易に第三者に意見照会をすることになれば、開示決定が大変遅れることになりかねません。第三者の権利侵害が具体的に予測される場合に限定すべきでしょう。また、必要的に照会しなければならないとされている場合こそ、開示が急がれる場合が多いのではないでしょうか。

　第三者に意見照会をした後に開示決定をする場合は、開示決定をしてから実際に開示するまでの間に2週間をおかなければなりません。第三者が公開差し止めの訴を提起し、仮処分決定を得る期間を確保するためです。

> ## 第36条（訴訟の管轄の特例等）
> 　開示決定等の取消しを求める訴訟及び開示決定等に係る不服申立てに対する裁決又は決定の取消しを求める訴訟（次項及び附則第3項において「情報公開訴訟」という。）については、行政事件訴訟法（昭和37年法律第139号）第12条に定める裁判所のほか、原告の普通裁判籍の所在地を管轄する高等裁判所の所在地を管轄する地方裁判所（次項において「特定管轄裁判所」という。）にも提起することができる。
> 2　前項の規定により特定管轄裁判所に訴えが提起された場合であって、他の裁判所に同一又は同種若しくは類似の行政文書に係る情報公開訴訟が係属している場合においては、当該特定管轄裁判所は、当事

> 者の住所又は所在地、尋問を受けるべき証人の住所、争点又は証拠の共通性その他の事情を考慮して、相当と認めるときは、申立てにより又は職権で、訴訟の全部又は一部について、当該他の裁判所又は行政事件訴訟法第 12 条に定める裁判所に移送することができる。

【解説】

　不開示決定は行政処分であり、行政事件訴訟法第 12 条によれば、行政処分の取消を求める裁判は被告となる行政機関の所在地を管轄する地方裁判所に提起することになります。大方の行政機関は東京に所在しているため、地方在住の請求者には東京まで裁判に出向かなければならず、結局提訴を諦めることになりかねません。そこで、原告の所在地で裁判が起こせるようにと市民団体や弁護士会が粘り強く働きかけた結果、原告の住所を管轄する全国 8 か所の高等裁判所所在地の地方裁判所に提訴することができることになりました。しかし、例えば沖縄の住民は福岡地方裁判所に提訴しなければならないなど、まだ十分ではありません。法律の施行後 4 年をめどとして、情報公開法の管轄のあり方について検討を加え、必要な措置を講ずる（附則 3 項）とされました。全国どこでも、不開示決定の取消を求める訴訟を提起できるように、改正されるべきです。

あとがき

　本書を作成中の最終段階で、外務省の外交機密費（55億円）の一部が担当室長の個人口座に入金され、マンションや競走馬の購入に流用されていたことが判明しました。さらに、この外交機密費は裏で内閣の官房機密費（16億円）にも追加して回されていました。機密として会計検査院も介入させない秘密主義が腐敗を招いたのです。

　このような機密費に限らず、今日の日本の諸問題は行政の秘密主義に由来していると言っても過言ではありません。そこに、行政と産業界、政治との癒着構造も生まれ、政策決定から実施まで極めて不透明で責任の所在も明らかではなく、大きな事故や被害が起こるまで政策の見直しがなされないという状況が続いてきました。社会に閉塞感が漂うのは当然です。しかも、その中で、近年、国民の自己決定、自己責任が強調されています。情報は誰にとっても、責任のある判断を行うための前提。何が起こっているのか、何が原因か、何を選択すべきかを判断するために国民には知る権利があるのは当然です。国民の間にもそうした意識が急速にひろがっています。

　日本の社会にようやく「情報公開法」が施行されます。情報公開法が日本社会に何をもたらすのか。それは、国民の側にかかっています。法の施行とともに、行政自ら、徹底した情報公開に踏み出すことを期待するのではなく、国民が何を知りたいと思っているのかを提示していくことが必要です。そのことが、行政はどのような情報を収集し、どのような情報を開示すべきかを認識させることになるからです。

　本書は、消費者・市民の立場から、情報公開社会とはどのようなものかを考えて作成されています。今や情報は世界を巡っています。消費者・市民の側でも情報収集、分析、提供を役割とするNGOが活動を始め、知りたい情報を探す入り口は様々なところにあります。インターネットは消費者・市民の側に新たな情報源を豊富に提供しています。どこからでもまず情報を求め、行政の情報にたどり着いた時には情報公開法を活用しましょう。そのた

めに本書がいささかでも役立てば幸いです。

2001年3月
日本弁護士連合会消費者問題対策委員会委員長　浅岡美恵

執筆者・編集者一覧

＜日本弁護士連合会消費者問題対策委員会　ＰＬ・情報公開部会＞
（平成7年度～平成12年度）

児玉憲夫
浅岡美恵　　（第3章〔5〕〔7〕、第5章〔1〕〔2〕、第7章）
中村雅人
杉浦英樹　　（第2章、第3章〔1〕、第4章、第5章〔3〕③〔8〕②、第6章〔6〕）
藪野恒明
山口孝司
関根幹雄　　（第3章〔2〕、第5章〔4〕②③）
田島純蔵　　（第3章〔6〕、第6章〔2〕〔3〕）
片山登志子　（第1章、第5章〔4〕①、〔5〕①、第6章〔4〕）
柘植直也　　（第3章〔3〕〔4〕、第5章〔4〕④）
中村忠史
出口裕理　　（第6章〔1〕〔5〕）
井上玲子　　（第5章〔4〕①）

＜特別寄稿＞

勝村久司　　医療情報の公開・開示を求める市民の会（第5章〔3〕①②）
石戸谷 豊　　横浜弁護士会（第5章〔5〕③）
織田幸二　　名古屋弁護士会（第5章〔5〕②）
矢野和雄　　名古屋弁護士会（第5章〔7〕）
高山光雄　　名古屋弁護士会（第5章〔8〕①）
岩佐嘉彦　　大阪弁護士会（第5章〔6〕）

　　　　　　　　　（　）内は執筆を担当した部分

資料編

1 新府省一覧
2 情報公開マップ
3 行政機関の保有する情報の公開に関する法律
4 行政機関の保有する情報の公開に関する法律施行令（抄）

資料1　新府省一覧

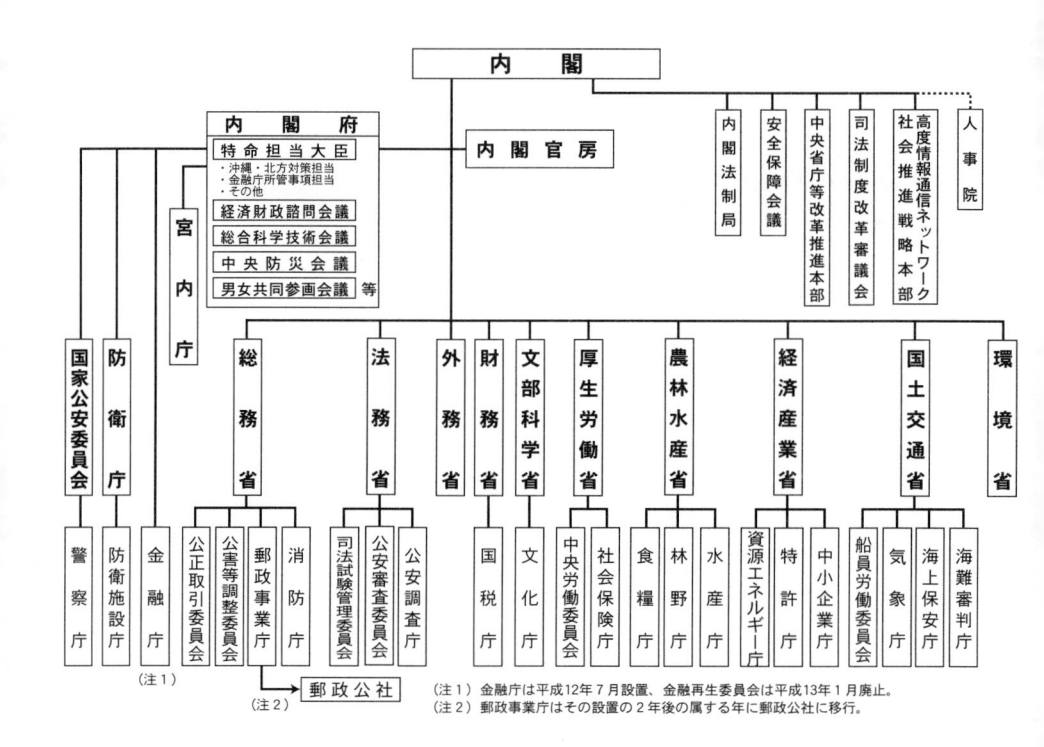

内閣

- 内閣府
  - 特命担当大臣
    - ・沖縄・北方対策担当
    - ・金融庁所管事項担当
    - ・その他
  - 経済財政諮問会議
  - 総合科学技術会議
  - 中央防災会議
  - 男女共同参画会議　等
- 内閣官房
- 内閣法制局
- 安全保障会議
- 中央省庁等改革推進本部
- 司法制度改革審議会
- 高度情報通信ネットワーク社会推進戦略本部
- 人事院

下位組織：
- 宮内庁
- 国家公安委員会
  - 警察庁
- 防衛庁
  - 防衛施設庁
- 金融庁（注1）
- 総務省
  - 公正取引委員会
  - 公害等調整委員会
  - 郵政事業庁（注2）→ 郵政公社
  - 消防庁
- 法務省
  - 司法試験管理委員会
  - 公安審査委員会
  - 公安調査庁
- 外務省
- 財務省
  - 国税庁
- 文部科学省
  - 文化庁
- 厚生労働省
  - 中央労働委員会
  - 社会保険庁
- 農林水産省
  - 食糧庁
  - 林野庁
  - 水産庁
- 経済産業省
  - 資源エネルギー庁
  - 特許庁
  - 中小企業庁
- 国土交通省
  - 船員労働委員会
  - 気象庁
  - 海上保安庁
  - 海難審判庁
- 環境省

（注1）金融庁は平成12年7月設置、金融再生委員会は平成13年1月廃止。
（注2）郵政事業庁はその設置の2年後の属する年に郵政公社に移行。

資料1　新府省一覧

新府省		旧省庁
府省等名	代表連絡先（2月1日時点）	省庁名
内閣官房	〒100-8968　東京都千代田区永田町1-6-1（旧総理府庁舎） TEL：03-5253-2111　http://www.kantei.go.jp/	内閣官房
内閣府	〒100-8914　東京都千代田区永田町1-6-1（旧総理府庁舎） TEL：03-5253-2111　http://www.cao.go.jp/ （金融庁） 〒100-8967　東京都千代田区霞ヶ関3-1-1（中央合同庁舎4号館） TEL：03-3506-6000　http://www.fsa.go.jp/	総理府本府 金融再生委員会 経済企画庁 沖縄開発庁 （金融庁）
国家公安委員会	〒100-8974　東京都千代田区霞ヶ関2-1-2（中央合同庁舎2号館） TEL：03-3581-0141　http://www.npsc.go.jp/ （警察庁） 住所、電話番号は国家公安委員会に同じ http://www.npa.go.jp/	国家公安委員会 （警察庁）
防衛庁	〒162-8801　東京都新宿区市谷本村町5-1 TEL：03-3268-3111　http://www.jda.go.jp/	防衛庁
総務省	〒100-8926　東京都千代田区霞ヶ関2-1-2（中央合同庁舎2号館） TEL：03-5253-5111　http://www.soumu.go.jp/ 情報公開担当　TEL：03-5253-5165	総務庁 郵政省 自治省
法務省	〒100-8977　東京都千代田区霞ヶ関1-1-1（中央合同庁舎6号館） TEL：03-3580-4111　http://www.moj.go.jp/	法務省
外務省	〒100-8919　東京都千代田区霞ヶ関2-2-1（旧外務省庁舎） TEL：03-3580-3311　http://www.mofa.go.jp/mofaj/	外務省
財務省	〒100-8940　東京都千代田区霞ヶ関3-1-1（旧大蔵省庁舎） TEL：03-3581-4111　http://www.mof.go.jp/	大蔵省
文部科学省	〒100-8959　東京都千代田区霞ヶ関3-2-2（旧文部省庁舎） TEL：03-3581-4211　http://www.mext.go.jp/	科学技術庁 文部省
厚生労働省	〒100-8916　東京都千代田区霞ヶ関1-2-2（中央合同庁舎5号館本館） TEL：03-5253-1111　http://www.mhlw.go.jp/	厚生省 労働省
農林水産省	〒100-8950　東京都千代田区霞ヶ関1-2-1（中央合同庁舎1号館） TEL：03-3502-8111　http://www.maff.go.jp/	農林水産省
経済産業省	〒100-8901　東京都千代田区霞ヶ関1-3-1（旧通商産業省庁舎） TEL：03-3501-1511　http://www.meti.go.jp/	通商産業省
国土交通省	〒100-8918　東京都千代田区霞ヶ関2-1-3（中央合同庁舎3号館） TEL：03-5253-8111　http://www.mlit.go.jp/	北海道開発庁 国土庁 建設省 運輸省
環境省	〒100-8975　東京都千代田区霞ヶ関1-2-2（中央合同庁舎5号館本館） TEL：03-3581-3351　http://www.env.go.jp/	環境庁

資料2　情報公開マップ

- ■ 情報全般
- ■ 製品安全
- ■ 健康・食品
- ■ 取引被害
- ■ 環境
- ■ その他
- ■ 消費者問題全般
- ■ 住宅関連
- ■ 医療・医薬品
- ■ 原子力
- ■ 行政監視

■情報全般■

電子政府の総合窓口システム

住　所	〒102-0074　東京都千代田区九段南1-1-10 九段合同庁舎8階　総務省行政管理局（情報システム管理室）	
電話番号	03-3265-9231	FAX　03-3265-9238
ホームページ	http://www.e-gov.go.jp/	
メールアドレス	webmaster@e-gov.go.jp	
活動内容・保有情報	各府省が提供している行政情報を総合的・横断的に検索するシステム。（注　行政情報の内容に関しては、各府省にお問い合せ下さい）	

情報公開総合案内所

住　所	〒110-8926　東京都千代田区霞ヶ関2-1-2 総務省　行政情報総合案内所	
電話番号	03-3519-8733	FAX　03-3519-8733
ホームページ		
メールアドレス	jsannai@arion.ocn.ne.jp	
活動内容・保有情報	情報公開法に基づく開示請求手続等の相談・案内。各府省の行政文書ファイル管理簿の検索。	

CONSUMERS-NET（Cネット）

住　所	〒530 - 0028　　大阪市北区万歳町5 - 9		
電話番号	06 - 6314 - 1191	FAX	06 - 6360 - 2525
ホームページ	http://www.consumer.ne.jp		
メールアドレス	ncn@c-net.co.jp		
活動内容・保有情報	日本消費経済新聞社が提供する市民団体・消費者団体の関連リンク集。国内だけでなくアメリカなど海外の行政機関、市民団体などのリンクを提供。		

情報公開クリアリングハウス

住　所	〒160 - 0005　　東京都新宿区愛住町3貴雲閣ビル108　クリアリングハウス		
電話番号	03 - 5269 - 1846	FAX	03 - 5269 - 0944
ホームページ	http://clearing-house.org/		
メールアドレス	icj@clearing-house.org		
活動内容・保有情報	情報公開に関する情報の収集・提供、調査・研究、講師派遣など。政府・自治体のホームページの情報も提供している。		

■消費者問題全般■

国民生活センター

住　所	〒108 - 8602　　東京都港区高輪3 - 13 - 22		
電話番号	03 - 3443 - 8623	FAX	03 - 3443 - 8624
ホームページ	http://www.kokusen.go.jp		
メールアドレス	ncacpost@kokusen.go.jp		
活動内容・保有情報	国民生活に関する情報の提供・調査研究をする内閣府所轄の特殊法人。安全・PL、消費者取引その他消費者問題全般の情報。		

消費者法ニュース発行会議

住　所	〒530-0047　大阪市北区西天満3-12-2　ユニ老松ビル2階　片山登志子法律事務所内
電話番号	06-6366-5046　　FAX　06-6366-5046
ホームページ	http://www.clnn.net/
メールアドレス	shohinew@yk9.so-net.ne.jp
活動内容・保有情報	年4回、消費者法ニュースを発行。事件情報や判例・和解速報などの情報を提供。判例・和解のコピーサービスも行っている。

NPO消費者ネット関西

住　所	〒530-0047　大阪市北区西天満3-12-2　ユニ老松ビル2階　特定非営利活動法人消費者ネット関西事務局
電話番号	06-6366-0211　　FAX　06-6366-0211
ホームページ	http://www11.u-page.so-net.ne.jp/zk9/shohinet/
メールアドレス	shohinet@zk9.so-net.ne.jp
活動内容・保有情報	消費者問題に関心のある学者、相談者、弁護士、市民等によって設立されたNPO法人。消費者法ゼミや、シンポジウムを開催するほか、消費者問題に関する政策提言を目的とした活動を行っている。

■製品安全■

経済産業省製品評価技術センター

住　所	〒151-0066　東京都渋谷区西原2-49-10
電話番号	03-3481-1921　　FAX　03-3481-1920
ホームページ	http://www.nite.go.jp/
メールアドレス	webmaster@nite.go.jp
活動内容・保有情報	経済産業省の技術専門機関。製品事故情報の収集分析・原因究明のテスト。事故情報、社告、事故原因究明方法の情報など。

FDA (Food and Drug Administration)(アメリカの食品・医療品局)

住　所	U.S.Food and Drug Administration 5600 Fishers Lane, Rockville MD 20857-0001
電話番号	301 - 443 - 2414　　FAX　301 - 443 - 1726
ホームページ	http://www.fda.gov/
メールアドレス	
活動内容・ 保有情報	アメリカ政府の食品・医薬品の行政を扱う部局。食品、医薬品、欠陥製品、遺伝子組み換え食品など広い分野にわたっての膨大な情報。

ＰＬ法・情報公開法を活かす関西連絡会

住　所	〒530 - 0047　　大阪市北区西天満4 - 8 - 2 住所北ビル本館304　関根法律事務所 内
電話番号	06 - 6365 - 5688　　FAX　06-6365-5453
ホームページ	
メールアドレス	
活動内容・ 保有情報	年4回、ＰＬ法・情報公開ニュースを発行。全国のＰＬ訴訟の情報を提供。

■住宅関連■

シックハウスを考える会

住　所	〒575 - 0013　　大阪府四条畷市田原台4 - 5 - 27
電話番号	0743 - 79 - 9103　　FAX　0743 - 79 - 9153
ホームページ	http://www.infonet.co.jp/Aso/house/
メールアドレス	peach@os.gulf.or.jp
活動内容・ 保有情報	住居から発生する有害物質で悩む人をなくすためにつくられたNPO。シックハウス関連の情報。

欠陥住宅被害全国連絡協議会（欠陥住宅全国ネット）

住　所	〒545-0051	大阪市阿倍野区旭町1-2-7 あべのメディックス202		
電話番号	06-6636-9361	FAX	06-6636-9364	
ホームページ	http://homepage2.nifty.com/kekkanzenkokunet/			
メールアドレス	abeno@msh.biglobe.ne.jp			
活動内容・保有情報	欠陥住宅被害の救済と予防を目的として結成された、弁護士、建築士、研究者、市民によるネットワーク。年2回の大会のほか、ニュースの発行、地方ネットの設立支援、弁護士・建築士の紹介などを行っている。			

欠陥住宅被害関西ネット

住　所	〒530-0047	大阪市北区西天満4-1-20リープラザビル5階 ひまわり総合法律事務所内（事務局）		
電話番号	06-6311-7688	FAX	06-6311-7689	
ホームページ	http://member.nifty.ne.jp/kansainet/index.html			
メールアドレス	LEP00474@nifty.ne.jp			
活動内容・保有情報	欠陥住宅被害の予防と救済についての調査・研究を目的とした弁護士、建築士、学者によるNGO団体。欠陥住宅被害の個別相談、調査や「欠陥住宅予防セミナー」の開催など。			

欠陥住宅京都ネット

住　所	〒604-0931	京都市中京区河原町二条西入ル 河二ビル5階　木内法律事務所内		
電話番号	075-257-1546	FAX	075-257-1547	
ホームページ	http://www.joho-kyoto.or.jp/~house-s/			
メールアドレス	klo@pearl.ocn.ne.jp			
活動内容・保有情報	京都府、滋賀県エリアの欠陥住宅被害の救済や予防を目的とした弁護士、建築士、研究者、市民による任意団体。専門の建築士による現地調査、「欠陥住宅110番」「市民公開講座」等。			

住宅紛争処理支援センター

住　所	〒102-0094　東京都千代田区紀尾井町6-26-3　上智紀尾井坂ビル5階		
電話番号	03-3556-5147	FAX	03-3556-5109
ホームページ	http://www.chord.or.jp/shienc/		
メールアドレス	shienc@chord.or.jp		
活動内容・保有情報	住宅の品質確保促進法に基づく、指定住宅紛争処理機関（弁護士会）の業務の支援、同法に基づく性能評価を受けた住宅や、それ以外の住宅に関する電話相談を行う。専門家による面談の相談もある（法律・建築・シックハウスの3種類）。住宅購入者の利益の保護等。		

■健康・食品■

（特定非営利活動法人）日本子孫基金

住　所	〒102-0083　東京都千代田区麹町2-5-2		
電話番号	03-5276-0256	FAX	03-5276-0259
ホームページ	http://www.mmjp.or.jp/JOF/		
メールアドレス	jof@nifty.ne.jp		
活動内容・保有情報	自ら資金を集め、食品や暮らしにひそむ化学物質の安全性についてテスト、調査を行うため、1984年に設立された環境NGO。月刊情報誌『食品と暮らしの安全』を発行。		

雪印製品食中毒事件被害者弁護団

住　所	〒530-0054　大阪市北区南森町1-2-25　南森町iSビル4階　太平洋法律事務所		
電話番号	06-6365-9183	FAX	06-6365-7293
ホームページ			
メールアドレス	fwgg8643@mb.infoweb.ne.jp		
活動内容・保有情報	雪印製品集団食中毒事件被害者の救済。雪印、行政による調査結果報告書など。		

PERSONAL　HEALTH　CENTER

住　所	（事務所は開設していない）		
電話番号		FAX	
ホームページ	http://www.mars.dti.ne.jp/~frhikaru/		
メールアドレス	frhikaru@mars.dti.ne.jp		
活動内容・保有情報	エイズ、性感染症、病原菌Ｏ157、インフルエンザなどの主として感染症に関する各種の保健医療情報を提供。		

『Ｏ157』総合リンク集

住　所	〒184-0004　　東京都小金井市本町1-5-11-101		
電話番号	042-380-7115	FAX	042-380-7115
ホームページ	http://www.ktx.or.jp/~kenkou/o157/o157.html		
メールアドレス	kenkou@ktx.or.jp		
活動内容・保有情報	Ｏ157に関する、予防、呼び掛け、治療法、厚生省資料等のリンク集。		

■医療・医薬品■

薬害オンブズパースン会議

住　所	〒160-0004　　東京都新宿区四谷1-2　伊藤ビル3階		
電話番号	03-3350-0607	FAX	03-5363-7080
ホームページ	http://www.yakugai.gr.jp		
メールアドレス	yakugai@t3.rim.or.jp		
活動内容・保有情報	危険薬についての情報収集・調査検討・情報提供により薬害の防止を目的とする市民団体。危険薬・告発医薬品の情報など。		

資料2　情報公開マップ　139

医薬品等安全性関連情報（厚生労働省ホームページ・緊急情報）

住　所	〒100-8916　東京都千代田区霞が関1-2-2		
電話番号	03-5253-1111 内線2750,2753	FAX	03-3508-4363
ホームページ	http://www1.mhlw.go.jp/kinkyu/iyaku_j/iyaku_j.html		
メールアドレス			
活動内容・保有情報	厚生労働省が提供する医薬品・医療用具事故等の安全性情報。		

医療事故情報センター

住　所	〒461-0001　名古屋市東区泉1-1-35　ハイエスト久屋6階		
電話番号	052-951-1731	FAX	052-951-1732
ホームページ	http://www3.ocn.ne.jp/~mmic/		
メールアドレス	mmic001@mint.ocn.ne.jp		
活動内容・保有情報	患者側で医療過誤訴訟を担当する全国の弁護士による団体。医療過誤訴訟の事例、判決、鑑定書などを集積し、正会員弁護士をサポート。毎月1回事例など紹介するニュースを発行（一般の方も購読可）。医療事故に関する相談希望者には各地の弁護士の窓口を紹介。		

薬のガイドデータベース

住　所	〒158-8501　東京都世田谷区上用賀1-18-1		
電話番号	03-3700-1141	FAX	03-3700-7592
ホームページ	http://www.nihs.go.jp/tipdb/index.html		
メールアドレス	tipdb@nihs.go.jp		
活動内容・保有情報	医薬品・治療研究会が発行する"The Informed Prescriber"（正しい治療と薬の情報）に連載された患者用薬の説明書。		

病院からもらった薬が分かる

住　所	〒921-8824　　石川県石川郡野々市町新庄5丁目103		
電話番号	076-227-0739	FAX	076-227-0839
ホームページ	http://www.nsknet.or.jp/~keijin/drgseek.htm		
メールアドレス	keijin@nsknet.or.jp		
活動内容・保有情報	病院から貰った薬を、インターネット上で入力し、検索できる。		

医療過誤原告の会

住　所	〒388-8014　　長野市篠ノ井塩崎6985-76		
電話番号	026-292-6956	FAX	026-292-9217
ホームページ	http://www.cypress.ne.jp/takaoka/genkoku/main.htm		
メールアドレス	genkoku@cypress.ne.jp		
活動内容・保有情報	医療過誤による被害者とその家族の集まり。医療過誤の様々な問題の解決に取り組む。		

医療事故調査会

住　所	〒581-0036　　大阪府八尾市沼1-41		
電話番号	0729-48-7799	FAX	0729-48-7799
ホームページ	http://www.reference.co.jp/jikocho/		
メールアドレス	jikocho@mail.reference.co.jp		
活動内容・保有情報	医療事故について、弁護士からの依頼で医療記録をもとに鑑定を行う医療従事者の会。鑑定活動から得た教訓・問題点を医療現場にフィードバックするため、年1回シンポジウムを開催している。		

医療消費者ネットワーク MECON

住　所	〒167-0054　　東京都杉並区松庵3-32-11-403		
電話番号	03-3332-8119	FAX	03-3332-8119
ホームページ	http://www.sf.airnet.ne.jp/abe/consult/mecon.html		
メールアドレス			
活動内容・保有情報	①「メコン生涯学習講座」の開催、②会報『メコンニュース』の発行、③「メコン苦情110番」(医療ミス、カルテ・レセプト開示などの電話相談(火・金のみ)の実施、他。		

医療情報の公開・開示を求める市民の会

住　所	〒619-0223　　京都府相楽郡木津町相楽台2-8-7　　勝村久司 方		
電話番号	090-8529-7016	FAX	0774-72-9619
ホームページ	http://homepage1.nifty.com/hkr/		
メールアドレス	CZT02077@nifty.com		
活動内容・保有情報	医療情報の公開・開示を求める市民団体。カルテ開示請求・レセプト開示請求に関する情報。		

予防接種情報センター

住　所	〒591-0144　　大阪府堺市赤坂台4-5-6　　藤井俊介 方		
電話番号	0722-99-5798	FAX	0722-99-5798
ホームページ			
メールアドレス			
活動内容・保有情報	予防接種による被害と副反応の情報を提供。		

化学物質過敏症支援センター

住　所	〒247-8799　　大船郵便局留め 　　　　　　　　化学物質過敏症ネットワーク		
電話番号		FAX	0467-45-7614
ホームページ	http://www.infonet.co.jp/Aso/CS-net/Syoukai.htm		
メールアドレス	midori@infonet.co.jp		
活動内容・ 保有情報	化学物質過敏症（CS）の患者、家族や、この病気を理解していただく一般市民による、ボランティア団体。環境病であるCSの患者が助け合っていくことや、CS患者を増やさない社会を目指すことなどを目的にする。		

■取引被害■

全国クレジット・サラ金問題対策協議会

住　所	〒541-0041　　大阪府大阪市中央区北浜2-1-23 　　　　　　　　日本文化会館6階 木村・浦川法律事務所内		
電話番号	06-6222-0186	FAX	06-6222-2302
ホームページ	http://www.cresara.net		
メールアドレス	mail@cresara.net		
活動内容・ 保有情報	クレジット・サラ金被害の予防と救済のための協議や救済方法の情報等。		

先物・証券被害問題研究会

住　所	〒530-0047　　大阪市北区西天満2-3-6 　　　　　　　　大阪法曹ビル4階 山崎敏彦法律事務所内		
電話番号	06-6365-8565	FAX	06-6365-8539
ホームページ	http://www.mars.sphere.ne.jp/future/		
メールアドレス	sakimonokenk@hotmail.com		
活動内容・ 保有情報	先物取引における消費者の利益保護を目的とし、被害救済と予防のための活動を行う弁護士団体。		

独禁法・公正取引研究会

住　所	〒530 - 0047　　大阪府大阪市北区西天満 4 - 8 - 2
	北ビル本館 501　村山法律事務所
電話番号	06 - 6365 - 6035　　FAX　06 - 6365 - 5625
ホームページ	
メールアドレス	murayama@mx1.alpha-web.ne.jp
活動内容・ 保有情報	法令、ガイドライン、審決、判決の研究、独禁法違反事件の措置請求、民事訴訟などの情報を提供。

インターネット消費者被害対策弁護団

住　所	〒160 - 0022　　東京都新宿区新宿 1 - 17 - 2
	第 3 遠藤ビル 3 階　遠藤・萬場総合法律事務所（事務局）
電話番号	03 - 3350 - 5885　　FAX　03 - 3350 - 5070
ホームページ	http://www1.neweb.ne.jp/wb/licp
メールアドレス	licp@mm.neweb.ne.jp
活動内容・ 保有情報	インターネットから生ずる消費者被害、トラブルに対応する弁護士団体。

全国証券問題研究会

住　所	〒231 - 0012　　横浜市中区相生町 1 - 15
	第 2 東商ビル 7 階　横浜法律事務所
電話番号	045 - 662 - 2226　　FAX　045 - 662 - 6578
ホームページ	http://www2.osk.3web.ne.jp/~syouken/
メールアドレス	
活動内容・ 保有情報	弁護士の研究会開催、判例集の発行。

■原子力■

原子力資料情報室（CNIC）

住　所	〒164-0003　東京都中野区東中野1-58-15　寿ビル3階		
電話番号	03-5330-9520	FAX	03-5330-9530
ホームページ	http://www.cnic.or.jp		
メールアドレス	cnic-jp@po.iijnet.or.jp		
活動内容・保有情報	脱原発をめざす非営利の情報センター。原発の危険性に関する幅広い情報や脱原発に向けた活動の案内など。英語による国際版もある。		

原子力委員会

住　所	〒105-0003　東京都港区西新橋1-1-15　物産ビル別館7階		
電話番号	03-5157-0735	FAX	03-3581-0684
ホームページ	http://aec.jst.go.jp/		
メールアドレス			
活動内容・保有情報	原子力委員会の計画、政策、会議の内容等。		

核燃料サイクル開発機構（旧　動燃）

住　所	〒319-1184　茨城県那珂郡東海村村松4-49		
電話番号	029-282-1122	FAX	029-282-4934
ホームページ	http://www.jnc.go.jp/		
メールアドレス	www-admin@jnc.go.jp		
活動内容・保有情報	核燃料サイクル開発機構（旧　動燃）の事業計画、ニュース、委員会報告等。ホームページに核燃料サイクル開発機構事業所内外の環境放射線モニタリング情報を掲載。		

■環境■

地球環境基金（環境事業団）

住　所	〒100-0013　東京都千代田区霞が関1-4-1 日土地ビル4階		
電話番号	03-5251-1537	FAX	03-3592-5090
ホームページ	http//www.eic.or.jp/jfge		
メールアドレス	kikin@jec.go.jp		
活動内容・ 保有情報	民間団体（NGO）の環境保全活動への資金の助成や、その他の支援等。		

気候ネットワーク

住　所	〒604-8124　京都市中央区高倉通四条上ル 高倉ビル305		
電話番号	075-254-1011	FAX	075-254-1012
ホームページ	http://www.jca.apc.org/kikonet/		
メールアドレス	kikonet@jca.apc.org		
活動内容・ 保有情報	地球温暖化防止のために市民から提言し、行動を起こしていくNPO。セミナー、シンポジウムの開催、調査・研究。地球温暖化の現状、日本や世界の取り組み、国際支援の動きなどの情報。		

（財）日本自然保護協会（NACS-J）

住　所	〒102-0075　東京都千代田区三番町5-24 山路三番町ビル3階		
電話番号	03-3265-0521	FAX	03-3265-0527
ホームページ	http://www.nacsj.or.jp		
メールアドレス	nature@nacsj.or.jp		
活動内容・ 保有情報	各地の自然保護問題の解決と環境教育の普及を目指すNGO。		

ストップ・フロン全国連絡会

住　所	〒233-0011　　横浜市港南区東永谷3-20-5		
電話番号	045-827-2526	FAX	045-827-2527
ホームページ	http://www4.plala.or.jp/JASON/		
メールアドレス	jason@bmail.plala.or.jp		
活動内容・ 保有情報	オゾン層と地球温暖化を促進するフロン等の放出を防止するための諸活動を行う。市民啓発のためのイベント、調査・研究、関係団体・個人の交流、情報収集・提供、会報の発行など。ドメイン名を取得予定。2001年中にもアドレスの変更あり。		

グリンピース・ジャパン

住　所	〒151-0053　　東京都渋谷区代々木1-35-1 　　　　　　　　代々木会館4階		
電話番号	03-5351-5400	FAX	03-5351-5417
ホームページ	http://www.greenpeace.or.jp/		
メールアドレス			
活動内容・ 保有情報	地球温暖化や有害物質による汚染、原子力問題、原生林や海洋生態系保護など、地球規模の環境問題の解決にむけ、調査、情報発信、直接行動などを行う。		

ＥＩＣネット

住　所			
電話番号	03-3595-3992	FAX	03-3595-3277
ホームページ	http://www.eic.or.jp/		
メールアドレス	eicnet@eic.or.jp		
活動内容・ 保有情報	国立環境研究所が提供し、(財)環境情報普及センターが運営するサイト。環境情報の提供及び情報交流の促進、環境関連のリンク等。		

全国地球温暖化防止活動推進センター（JCCCA）

住所	〒150-0001　東京都渋谷区神宮前5-53-67 コスモス青山B2階（財）日本環境協会内		
電話番号	03-3406-5010	FAX	03-3406-5190
ホームページ	http://www.jccca.org/		
メールアドレス	center@jccca.org		
活動内容・保有情報	温暖化問題解説をはじめ、地球温暖化関連の文献を集めたデーターベース、条約・法律集、COP6関連情報など地球温暖化防止活動に役立つ情報を提供。		

環境問題専門サーチエンジン　ECO SEARCH

住所	〒144-0051　東京都大田区西蒲田7-7-7-203		
電話番号		FAX	
ホームページ	http://www.eco-search.net/one/ecotaisho_01_9806.html		
メールアドレス	webmaster@eco-search.net		
活動内容・保有情報	不特定多数の市民・団体等を対象に、インターネットを通じ、あらゆる分野の環境問題に関する情報を提供するとともに、その情報を活用し、調査研究と教育普及活動等を行う。社会教育、まちづくり、環境の保全、国際協力等の公益の増進に寄与することを目的とし、「よりよい地球環境の創出」を実践する。		

「地球温暖化防止」総合リンク集

住所	〒184-0004　東京都小金井市本町1-5-11-101		
電話番号	042-380-7115	FAX	042-380-7115
ホームページ	http://www.ktx.or.jp/~kenkou/link/linkco2.html		
メールアドレス	kenkou@ktx.or.jp		
活動内容・保有情報	温暖化防止に関する数々の情報リンクを13項目に分けて表示。		

「自然エネルギー促進法」推進ネットワーク

住所	〒160-0004　東京都新宿区四谷1-21　戸田ビル4階		
電話番号	03-5366-1186	FAX	03-3358-5359
ホームページ	http://www.jca.apc.org/~gen/		
メールアドレス	gen@jca.apc.org		
活動内容・保有情報	自然エネルギーで発電された電力を優遇価格により電力会社に買い取らせる自然エネルギー促進法の制定を目指す。財源は電源開発促進対策特別会計を想定。		

■行政監視■

情報公開市民センター

住所	〒160-0008　東京都新宿区三栄町10-1　橋爪ビル2階		
電話番号	03-5368-1520	FAX	03-5368-1521
ホームページ	http://www.jkcc.gr.jp		
メールアドレス	info@jkcc.gr.jp		
活動内容・保有情報	母体を全国市民オンブズマンとする情報公開法利用の支援組織。情報公開法施行を期して、行政監視に関するオンブズマンの蓄積した情報を提供。情報公開法の利用と訴訟を支援する。		

全国市民オンブズマン連絡会議

住所	〒460-0002　名古屋市中区丸の内3-6-41　リブビル6階		
電話番号	052-953-8052	FAX	052-953-8050
ホームページ	http://www.jkcc.gr.jp		
メールアドレス	ombuds@ac.npo.gr.jp		
活動内容・保有情報	全国市民オンブズマン連絡会議。官官接待、カラ出張、塩漬け土地など行政の不正を監視する市民団体で、オンブズマン活動と訴訟に関する情報をもつ。		

市民グループ「見張り番」

住　所	〒559-0012　　大阪市住之江区東加賀屋3-15-7		
電話番号	06-6681-9424	FAX	06-6682-7567
ホームページ	http://hb4.seikyou.ne.jp/home/amatsu/Mihariban.htm		
メールアドレス	amatsu@mb4.seikyou.ne.jp		
活動内容・ 保有情報	情報公開請求、住民監査請求の一覧表等。住民訴訟、情報公開訴訟を通して行政および議会等の情報を確保。		

■その他■

教育情報の開示を求める市民の会

住　所	〒572-0013　　大阪府寝屋川市三井が丘1-5-10-305 　　　　　　　　山口明子方		
電話番号	0720-832-4540	FAX	0720-832-4540
ホームページ			
メールアドレス			
活動内容・ 保有情報	教育情報、主として内申書・指導要録の本人開示請求と裁判の支援。開示請求に関する資料、開示の全国状況。開示・訂正請求に関する個人情報保護審査会（情報公開審査会）答申等。		

DCI (Defence for Children International) 日本支部

住　所	〒155-0031　　東京都世田谷区北沢2-10-15 　　　　　　　　A-303		
電話番号	03-3466-0222	FAX	03-3466-0222
ホームページ	http://www.yomogi.sakura.ne.jp/~dci-jp/		
メールアドレス	dci-jp@yomogi.sakura.ne.jp		
活動内容・ 保有情報	子どもの権利のための国連NGO。監視活動、ロビイング、調査・提言、国際活動、情報・広報活動、子どもの援助、ネットワーク活動の他、国連子どもの権利委員会への市民・NGO報告書の作成を行う。		

社会福祉・医療事業団

住　所	〒105-8486　東京都港区虎ノ門4-3-13 秀和神谷町ビル9階		
電話番号	03-3438-0211	FAX	03-3438-9949
ホームページ	http://www.wam.go.jp		
メールアドレス	wam_jouhou01@wam.go.jp		
活動内容・ 保有情報	社会福祉と医療の連携・総合化による事業を推進することを目的として、社会福祉施設や医療施設の設置等に必要な資金の融通などを行う。		

大阪過労死問題連絡会

住　所	〒545-0051　大阪府大阪市阿倍野区旭町1-2-7 あべのメディックス2階202　あべの総合法律事務所		
電話番号	06-6636-9361	FAX	06-6636-9364
ホームページ	http://homepage2.nifty.com/karousirenrakukai		
メールアドレス	abeno@msh.biglobe.ne.jp		
活動内容・ 保有情報	過労死の遺族・被害者の救済活動。過労死の労災・企業補償を認めさせると共に、働きすぎ社会を考え、過労死をなくすことを目的とする、弁護士・医師・研究者・遺族・労働団体などによるネットワーク。「過労死110番」やシンポジウムなどを行っている。		

資料3　行政機関の保有する情報の公開に関する法律

（平成 11 年 5 月 14 日法律第 42 号）

改正
　平成 11 年 7 月 16 日法律第 102 号
　〔中央省庁等改革のための国の行政組織関係法律の整備等に関する法律 29 条による改正〕
　同 11 年 12 月 22 日同第 160 号
　〔中央省庁等改革関係法施行法 290 条による改正〕

目次
　第 1 章　総則（第 1 条・第 2 条）
　第 2 章　行政文書の開示（第 3 条―第 17 条）
　第 3 章　不服申立て等
　　第 1 節　諮問等（第 18 条―第 20 条）
　　第 2 節　情報公開審査会（第 21 条―第 26 条）
　　第 3 節　審査会の調査審議の手続（第 27 条―第 35 条）
　　第 4 節　訴訟の管轄の特例等（第 36 条）
　第 4 章　補則（第 37 条―第 44 条）
　附則

第 1 章　総則

（目的）
第 1 条　この法律は、国民主権の理念にのっとり、行政文書の開示を請求する権利につき定めること等により、行政機関の保有する情報の一層の公開を図り、もって政府の有するその諸活動を国民に説明する責務が全うされるようにするとともに、国民の的確な理解と批判の下にある公正で民主的な行政の推進に資することを目的とする。

（定義）
第 2 条　この法律において「行政機関」とは、次に掲げる機関をいう。
　一　法律の規定に基づき内閣に置かれる機関（内閣府を除く。）及び内閣の所轄の下に置かれる機関
　二　内閣府、宮内庁並びに内閣府設置法（平成 11 年法律第 89 号）第 49 条第 1 項及

び第2項に規定する機関（これらの機関のうち第4号の政令で定める機関が置かれる機関にあっては、当該政令で定める機関を除く。）
三　国家行政組織法（昭和23年法律第120号）第3条第2項に規定する機関（第5号の政令で定める機関が置かれる機関にあっては、当該政令で定める機関を除く。）
四　内閣府設置法第39条及び第55条並びに宮内庁法（昭和22年法律第70号）第16条第2項の機関並びに内閣府設置法第40条及び第56条（宮内庁法第18条第1項において準用する場合を含む。）の特別の機関で、政令で定めるもの
五　国家行政組織法第8条の2の施設等機関及び同法第8条の3の特別の機関で、政令で定めるもの
六　会計検査院
2　この法律において「行政文書」とは、行政機関の職員が職務上作成し、又は取得した文書、図画及び電磁的記録（電子的方式、磁気的方式その他人の知覚によっては認識することができない方式で作られた記録をいう。以下同じ。）であって、当該行政機関の職員が組織的に用いるものとして、当該行政機関が保有しているものをいう。ただし、次に掲げるものを除く。
一　官報、白書、新聞、雑誌、書籍その他不特定多数の者に販売することを目的として発行されるもの
二　政令で定める公文書館その他の機関において、政令で定めるところにより、歴史的若しくは文化的な資料又は学術研究用の資料として特別の管理がされているもの

第2章　行政文書の開示

（開示請求権）
第3条　何人も、この法律の定めるところにより、行政機関の長（前条第1項第4号及び第5号の政令で定める機関にあっては、その機関ごとに政令で定める者をいう。以下同じ。）に対し、当該行政機関の保有する行政文書の開示を請求することができる。

（開示請求の手続）
第4条　前条の規定による開示の請求（以下「開示請求」という。）は、次に掲げる事項を記載した書面（以下「開示請求書」という。）を行政機関の長に提出してしなければならない。
一　開示請求をする者の氏名又は名称及び住所又は居所並びに法人その他の団体にあっては代表者の氏名
二　行政文書の名称その他の開示請求に係る行政文書を特定するに足りる事項

2 行政機関の長は、開示請求書に形式上の不備があると認めるときは、開示請求をした者（以下「開示請求者」という。）に対し、相当の期間を定めて、その補正を求めることができる。この場合において、行政機関の長は、開示請求者に対し、補正の参考となる情報を提供するよう努めなければならない。

（行政文書の開示義務）
第5条 行政機関の長は、開示請求があったときは、開示請求に係る行政文書に次の各号に掲げる情報（以下「不開示情報」という。）のいずれかが記録されている場合を除き、開示請求者に対し、当該行政文書を開示しなければならない。
　一 個人に関する情報（事業を営む個人の当該事業に関する情報を除く。）であって、当該情報に含まれる氏名、生年月日その他の記述等により特定の個人を識別することができるもの（他の情報と照合することにより、特定の個人を識別することができることとなるものを含む。）又は特定の個人を識別することはできないが、公にすることにより、なお個人の権利利益を害するおそれがあるもの。ただし、次に掲げる情報を除く。
　　イ 法令の規定により又は慣行として公にされ、又は公にすることが予定されている情報
　　ロ 人の生命、健康、生活又は財産を保護するため、公にすることが必要であると認められる情報
　　ハ 当該個人が公務員（国家公務員法（昭和22年法律第120号）第2条第1項に規定する国家公務員及び地方公務員法（昭和25年法律第261号）第2条に規定する地方公務員をいう。）である場合において、当該情報がその職務の遂行に係る情報であるときは、当該情報のうち、当該公務員の職及び当該職務遂行の内容に係る部分
　二 法人その他の団体（国及び地方公共団体を除く。以下「法人等」という。）に関する情報又は事業を営む個人の当該事業に関する情報であって、次に掲げるもの。ただし、人の生命、健康、生活又は財産を保護するため、公にすることが必要であると認められる情報を除く。
　　イ 公にすることにより、当該法人等又は当該個人の権利、競争上の地位その他正当な利益を害するおそれがあるもの
　　ロ 行政機関の要請を受けて、公にしないとの条件で任意に提供されたものであって、法人等又は個人における通例として公にしないこととされているものその他の当該条件を付することが当該情報の性質、当時の状況等に照らして合理的であると認められるもの
　三 公にすることにより、国の安全が害されるおそれ、他国若しくは国際機関との信頼関係が損なわれるおそれ又は他国若しくは国際機関との交渉上不利益を被るおそ

れがあると行政機関の長が認めることにつき相当の理由がある情報
　四　公にすることにより、犯罪の予防、鎮圧又は捜査、公訴の維持、刑の執行その他の公共の安全と秩序の維持に支障を及ぼすおそれがあると行政機関の長が認めることにつき相当の理由がある情報
　五　国の機関及び地方公共団体の内部又は相互間における審議、検討又は協議に関する情報であって、公にすることにより、率直な意見の交換若しくは意思決定の中立性が不当に損なわれるおそれ、不当に国民の間に混乱を生じさせるおそれ又は特定の者に不当に利益を与え若しくは不利益を及ぼすおそれがあるもの
　六　国の機関又は地方公共団体が行う事務又は事業に関する情報であって、公にすることにより、次に掲げるおそれその他当該事務又は事業の性質上、当該事務又は事業の適正な遂行に支障を及ぼすおそれがあるもの
　　イ　監査、検査、取締り又は試験に係る事務に関し、正確な事実の把握を困難にするおそれ又は違法若しくは不当な行為を容易にし、若しくはその発見を困難にするおそれ
　　ロ　契約、交渉又は争訟に係る事務に関し、国又は地方公共団体の財産上の利益又は当事者としての地位を不当に害するおそれ
　　ハ　調査研究に係る事務に関し、その公正かつ能率的な遂行を不当に阻害するおそれ
　　ニ　人事管理に係る事務に関し、公正かつ円滑な人事の確保に支障を及ぼすおそれ
　　ホ　国又は地方公共団体が経営する企業に係る事業に関し、その企業経営上の正当な利益を害するおそれ

（部分開示）
第６条　行政機関の長は、開示請求に係る行政文書の一部に不開示情報が記録されている場合において、不開示情報が記録されている部分を容易に区分して除くことができるときは、開示請求者に対し、当該部分を除いた部分につき開示しなければならない。ただし、当該部分を除いた部分に有意の情報が記録されていないと認められるときは、この限りでない。
２　開示請求に係る行政文書に前条第１号の情報（特定の個人を識別することができるものに限る。）が記録されている場合において、当該情報のうち、氏名、生年月日その他の特定の個人を識別することができることとなる記述等の部分を除くことにより、公にしても、個人の権利利益が害されるおそれがないと認められるときは、当該部分を除いた部分は、同号の情報に含まれないものとみなして、前項の規定を適用する。

（公益上の理由による裁量的開示）

第7条　行政機関の長は、開示請求に係る行政文書に不開示情報が記録されている場合であっても、公益上特に必要があると認めるときは、開示請求者に対し、当該行政文書を開示することができる。

(行政文書の存否に関する情報)
第8条　開示請求に対し、当該開示請求に係る行政文書が存在しているか否かを答えるだけで、不開示情報を開示することとなるときは、行政機関の長は、当該行政文書の存否を明らかにしないで、当該開示請求を拒否することができる。

(開示請求に対する措置)
第9条　行政機関の長は、開示請求に係る行政文書の全部又は一部を開示するときは、その旨の決定をし、開示請求者に対し、その旨及び開示の実施に関し政令で定める事項を書面により通知しなければならない。
2　行政機関の長は、開示請求に係る行政文書の全部を開示しないとき(前条の規定により開示請求を拒否するとき及び開示請求に係る行政文書を保有していないときを含む。)は、開示をしない旨の決定をし、開示請求者に対し、その旨を書面により通知しなければならない。

(開示決定等の期限)
第10条　前条各項の決定(以下「開示決定等」という。)は、開示請求があった日から30日以内にしなければならない。ただし、第4条第2項の規定により補正を求めた場合にあっては、当該補正に要した日数は、当該期間に算入しない。
2　前項の規定にかかわらず、行政機関の長は、事務処理上の困難その他正当な理由があるときは、同項に規定する期間を30日以内に限り延長することができる。この場合において、行政機関の長は、開示請求者に対し、遅滞なく、延長後の期間及び延長の理由を書面により通知しなければならない。

(開示決定等の期限の特例)
第11条　開示請求に係る行政文書が著しく大量であるため、開示請求があった日から60日以内にそのすべてについて開示決定等をすることにより事務の遂行に著しい支障が生ずるおそれがある場合には、前条の規定にかかわらず、行政機関の長は、開示請求に係る行政文書のうちの相当の部分につき当該期間内に開示決定等をし、残りの行政文書については相当の期間内に開示決定等をすれば足りる。この場合において、行政機関の長は、同条第1項に規定する期間内に、開示請求者に対し、次に掲げる事項を書面により通知しなければならない。
　一　本条を適用する旨及びその理由

二　残りの行政文書について開示決定等をする期限

（事案の移送）
第12条　行政機関の長は、開示請求に係る行政文書が他の行政機関により作成されたものであるときその他他の行政機関の長において開示決定等をすることにつき正当な理由があるときは、当該他の行政機関の長と協議の上、当該他の行政機関の長に対し、事案を移送することができる。この場合においては、移送をした行政機関の長は、開示請求者に対し、事案を移送した旨を書面により通知しなければならない。
2　前項の規定により事案が移送されたときは、移送を受けた行政機関の長において、当該開示請求についての開示決定等をしなければならない。この場合において、移送をした行政機関の長が移送前にした行為は、移送を受けた行政機関の長がしたものとみなす。
3　前項の場合において、移送を受けた行政機関の長が第9条第1項の決定（以下「開示決定」という。）をしたときは、当該行政機関の長は、開示の実施をしなければならない。この場合において、移送をした行政機関の長は、当該開示の実施に必要な協力をしなければならない。

（第三者に対する意見書提出の機会の付与等）
第13条　開示請求に係る行政文書に国、地方公共団体及び開示請求者以外の者（以下この条、第19条及び第20条において「第三者」という。）に関する情報が記録されているときは、行政機関の長は、開示決定等をするに当たって、当該情報に係る第三者に対し、開示請求に係る行政文書の表示その他政令で定める事項を通知して、意見書を提出する機会を与えることができる。
2　行政機関の長は、次の各号のいずれかに該当するときは、開示決定に先立ち、当該第三者に対し、開示請求に係る行政文書の表示その他政令で定める事項を書面により通知して、意見書を提出する機会を与えなければならない。ただし、当該第三者の所在が判明しない場合は、この限りでない。
　一　第三者に関する情報が記録されている行政文書を開示しようとする場合であって、当該情報が第5条第1号ロ又は同条第2号ただし書に規定する情報に該当すると認められるとき。
　二　第三者に関する情報が記録されている行政文書を第7条の規定により開示しようとするとき。
3　行政機関の長は、前2項の規定により意見書の提出の機会を与えられた第三者が当該行政文書の開示に反対の意思を表示した意見書を提出した場合において、開示決定をするときは、開示決定の日と開示を実施する日との間に少なくとも2週間を置かなければならない。この場合において、行政機関の長は、開示決定後直ちに、当該意見

書（第18条及び第19条において「反対意見書」という。）を提出した第三者に対し、開示決定をした旨及びその理由並びに開示を実施する日を書面により通知しなければならない。

（開示の実施）
第14条　行政文書の開示は、文書又は図画については閲覧又は写しの交付により、電磁的記録についてはその種別、情報化の進展状況等を勘案して政令で定める方法により行う。ただし、閲覧の方法による行政文書の開示にあっては、行政機関の長は、当該行政文書の保存に支障を生ずるおそれがあると認めるときその他正当な理由があるときは、その写しにより、これを行うことができる。
2　開示決定に基づき行政文書の開示を受ける者は、政令で定めるところにより、当該開示決定をした行政機関の長に対し、その求める開示の実施の方法その他の政令で定める事項を申し出なければならない。
3　前項の規定による申出は、第9条第1項に規定する通知があった日から30日以内にしなければならない。ただし、当該期間内に当該申出をすることができないことにつき正当な理由があるときは、この限りでない。
4　開示決定に基づき行政文書の開示を受けた者は、最初に開示を受けた日から30日以内に限り、行政機関の長に対し、更に開示を受ける旨を申し出ることができる。この場合においては、前項ただし書の規定を準用する。

（他の法令による開示の実施との調整）
第15条　行政機関の長は、他の法令の規定により、何人にも開示請求に係る行政文書が前条第1項本文に規定する方法と同一の方法で開示することとされている場合（開示の期間が定められている場合にあっては、当該期間内に限る。）には、同項本文の規定にかかわらず、当該行政文書については、当該同一の方法による開示を行わない。ただし、当該他の法令の規定に一定の場合には開示をしない旨の定めがあるときは、この限りでない。
2　他の法令の規定に定める開示の方法が縦覧であるときは、当該縦覧を前条第1項本文の閲覧とみなして、前項の規定を適用する。

（手数料）
第16条　開示請求をする者又は行政文書の開示を受ける者は、政令で定めるところにより、それぞれ、実費の範囲内において政令で定める額の開示請求に係る手数料又は開示の実施に係る手数料を納めなければならない。
2　前項の手数料の額を定めるに当たっては、できる限り利用しやすい額とするよう配慮しなければならない。

3 行政機関の長は、経済的困難その他特別の理由があると認めるときは、政令で定めるところにより、第1項の手数料を減額し、又は免除することができる。

(権限又は事務の委任)
第17条 行政機関の長は、政令(内閣の所轄の下に置かれる機関及び会計検査院にあっては、当該機関の命令)で定めるところにより、この章に定める権限又は事務を当該行政機関の職員に委任することができる。

第3章 不服申立て等

第1節 諮問等

(審査会への諮問)
第18条 開示決定等について行政不服審査法(昭和37年法律第160号)による不服申立てがあったときは、当該不服申立てに対する裁決又は決定をすべき行政機関の長は、次の各号のいずれかに該当する場合を除き、情報公開審査会(不服申立てに対する裁決又は決定をすべき行政機関の長が会計検査院の長である場合にあっては、別に法律で定める審査会。第3節において「審査会」と総称する。)に諮問しなければならない。
　一 不服申立てが不適法であり、却下するとき。
　二 裁決又は決定で、不服申立てに係る開示決定等(開示請求に係る行政文書の全部を開示する旨の決定を除く。以下この号及び第20条において同じ。)を取り消し又は変更し、当該不服申立てに係る行政文書の全部を開示することとするとき。ただし、当該開示決定等について反対意見書が提出されているときを除く。

(諮問をした旨の通知)
第19条 前条の規定により諮問をした行政機関の長(以下「諮問庁」という。)は、次に掲げる者に対し、諮問をした旨を通知しなければならない。
　一 不服申立人及び参加人
　二 開示請求者(開示請求者が不服申立人又は参加人である場合を除く。)
　三 当該不服申立てに係る開示決定等について反対意見書を提出した第三者(当該第三者が不服申立人又は参加人である場合を除く。)

(第三者からの不服申立てを棄却する場合等における手続)
第20条 第13条第3項の規定は、次の各号のいずれかに該当する裁決又は決定をする場合について準用する。

一　開示決定に対する第三者からの不服申立てを却下し、又は棄却する裁決又は決定
二　不服申立てに係る開示決定等を変更し、当該開示決定等に係る行政文書を開示する旨の裁決又は決定（第三者である参加人が当該行政文書の開示に反対の意思を表示している場合に限る。）

第2節　情報公開審査会

（設置）
第21条　第18条の規定による諮問に応じ不服申立てについて調査審議するため、内閣府に、情報公開審査会を置く。

（組織）
第22条　情報公開審査会は、委員9人をもって組織する。
2　委員は、非常勤とする。ただし、そのうち3人以内は、常勤とすることができる。

（委員）
第23条　委員は、優れた識見を有する者のうちから、両議院の同意を得て、内閣総理大臣が任命する。
2　委員の任期が満了し、又は欠員を生じた場合において、国会の閉会又は衆議院の解散のために両議院の同意を得ることができないときは、内閣総理大臣は、前項の規定にかかわらず、同項に定める資格を有する者のうちから、委員を任命することができる。
3　前項の場合においては、任命後最初の国会で両議院の事後の承認を得なければならない。この場合において、両議院の事後の承認が得られないときは、内閣総理大臣は、直ちにその委員を罷免しなければならない。
4　委員の任期は、3年とする。ただし、補欠の委員の任期は、前任者の残任期間とする。
5　委員は、再任されることができる。
6　委員の任期が満了したときは、当該委員は、後任者が任命されるまで引き続きその職務を行うものとする。
7　内閣総理大臣は、委員が心身の故障のため職務の執行ができないと認めるとき、又は委員に職務上の義務違反その他委員たるに適しない非行があると認めるときは、両議院の同意を得て、その委員を罷免することができる。
8　委員は、職務上知ることができた秘密を漏らしてはならない。その職を退いた後も同様とする。
9　委員は、在任中、政党その他の政治的団体の役員となり、又は積極的に政治運動を

してはならない。
10　常勤の委員は、在任中、内閣総理大臣の許可がある場合を除き、報酬を得て他の職務に従事し、又は営利事業を営み、その他金銭上の利益を目的とする業務を行ってはならない。
11　委員の給与は、別に法律で定める。

(会長)
第24条　情報公開審査会に、会長を置き、委員の互選によりこれを定める。
2　会長は、会務を総理し、情報公開審査会を代表する。
3　会長に事故があるときは、あらかじめその指名する委員が、その職務を代理する。

(合議体)
第25条　情報公開審査会は、その指名する委員3人をもって構成する合議体で、不服申立てに係る事件について調査審議する。
2　前項の規定にかかわらず、情報公開審査会が定める場合においては、委員の全員をもって構成する合議体で、不服申立てに係る事件について調査審議する。

(事務局)
第26条　情報公開審査会の事務を処理させるため、情報公開審査会に事務局を置く。
2　事務局に、事務局長のほか、所要の職員を置く。
3　事務局長は、会長の命を受けて、局務を掌理する。

第3節　審査会の調査審議の手続

(審査会の調査権限)
第27条　審査会は、必要があると認めるときは、諮問庁に対し、開示決定等に係る行政文書の提示を求めることができる。この場合においては、何人も、審査会に対し、その提示された行政文書の開示を求めることができない。
2　諮問庁は、審査会から前項の規定による求めがあったときは、これを拒んではならない。
3　審査会は、必要があると認めるときは、諮問庁に対し、開示決定等に係る行政文書に記録されている情報の内容を審査会の指定する方法により分類又は整理した資料を作成し、審査会に提出するよう求めることができる。
4　第1項及び前項に定めるもののほか、審査会は、不服申立てに係る事件に関し、不服申立人、参加人又は諮問庁(以下「不服申立人等」という。)に意見書又は資料の提出を求めること、適当と認める者にその知っている事実を陳述させ又は鑑定を求め

ることその他必要な調査をすることができる。

（意見の陳述）
第28条　審査会は、不服申立人等から申立てがあったときは、当該不服申立人等に口頭で意見を述べる機会を与えなければならない。ただし、審査会が、その必要がないと認めるときは、この限りでない。
2　前項本文の場合においては、不服申立人又は参加人は、審査会の許可を得て、補佐人とともに出頭することができる。

（意見書等の提出）
第29条　不服申立人等は、審査会に対し、意見書又は資料を提出することができる。ただし、審査会が意見書又は資料を提出すべき相当の期間を定めたときは、その期間内にこれを提出しなければならない。

（委員による調査手続）
第30条　審査会は、必要があると認めるときは、その指名する委員に、第27条第1項の規定により提示された行政文書を閲覧させ、同条第4項の規定による調査をさせ、又は第28条第1項本文の規定による不服申立人等の意見の陳述を聴かせることができる。

（提出資料の閲覧）
第31条　不服申立人等は、審査会に対し、審査会に提出された意見書又は資料の閲覧を求めることができる。この場合において、審査会は、第三者の利益を害するおそれがあると認めるときその他正当な理由があるときでなければ、その閲覧を拒むことができない。
2　審査会は、前項の規定による閲覧について、日時及び場所を指定することができる。

（調査審議手続の非公開）
第32条　審査会の行う調査審議の手続は、公開しない。

（不服申立ての制限）
第33条　この節の規定により審査会又は委員がした処分については、行政不服審査法による不服申立てをすることができない。

（答申書の送付等）

第34条　審査会は、諮問に対する答申をしたときは、答申書の写しを不服申立人及び参加人に送付するとともに、答申の内容を公表するものとする。

（政令への委任）
第35条　この節に定めるもののほか、審査会の調査審議の手続に関し必要な事項は、政令（第18条の別に法律で定める審査会にあっては、会計検査院規則）で定める。

第4節　訴訟の管轄の特例等

（訴訟の管轄の特例等）
第36条　開示決定等の取消しを求める訴訟及び開示決定等に係る不服申立てに対する裁決又は決定の取消しを求める訴訟（次項及び附則第3項において「情報公開訴訟」という。）については、行政事件訴訟法（昭和37年法律第139号）第12条に定める裁判所のほか、原告の普通裁判籍の所在地を管轄する高等裁判所の所在地を管轄する地方裁判所（次項において「特定管轄裁判所」という。）にも提起することができる。
2　前項の規定により特定管轄裁判所に訴えが提起された場合であって、他の裁判所に同一又は同種若しくは類似の行政文書に係る情報公開訴訟が係属している場合においては、当該特定管轄裁判所は、当事者の住所又は所在地、尋問を受けるべき証人の住所、争点又は証拠の共通性その他の事情を考慮して、相当と認めるときは、申立てにより又は職権で、訴訟の全部又は一部について、当該他の裁判所又は行政事件訴訟法第12条に定める裁判所に移送することができる。

第4章　補則

（行政文書の管理）
第37条　行政機関の長は、この法律の適正かつ円滑な運用に資するため、行政文書を適正に管理するものとする。
2　行政機関の長は、政令で定めるところにより行政文書の管理に関する定めを設けるとともに、これを一般の閲覧に供しなければならない。
3　前項の政令においては、行政文書の分類、作成、保存及び廃棄に関する基準その他の行政文書の管理に関する必要な事項について定めるものとする。

（開示請求をしようとする者に対する情報の提供等）
第38条　行政機関の長は、開示請求をしようとする者が容易かつ的確に開示請求をすることができるよう、当該行政機関が保有する行政文書の特定に資する情報の提供その他開示請求をしようとする者の利便を考慮した適切な措置を講ずるものとする。

2　総務大臣は、この法律の円滑な運用を確保するため、開示請求に関する総合的な案内所を整備するものとする。

（施行の状況の公表）
第39条　総務大臣は、行政機関の長に対し、この法律の施行の状況について報告を求めることができる。
2　総務大臣は、毎年度、前項の報告を取りまとめ、その概要を公表するものとする。

（行政機関の保有する情報の提供に関する施策の充実）
第40条　政府は、その保有する情報の公開の総合的な推進を図るため、行政機関の保有する情報が適時に、かつ、適切な方法で国民に明らかにされるよう、行政機関の保有する情報の提供に関する施策の充実に努めるものとする。

（地方公共団体の情報公開）
第41条　地方公共団体は、この法律の趣旨にのっとり、その保有する情報の公開に関し必要な施策を策定し、及びこれを実施するよう努めなければならない。

（独立行政法人及び特殊法人の情報公開）
第42条　政府は、独立行政法人（独立行政法人通則法（平成11年法律第103号）第2条第1項に規定する独立行政法人をいう。以下同じ。）及び特殊法人（法律により直接に設立された法人又は特別の法律により特別の設立行為をもって設立された法人であって、総務省設置法（平成11年法律第91号）第4条第15号の規定の適用を受けるものをいう。以下同じ。）について、その性格及び業務内容に応じ、独立行政法人及び特殊法人の保有する情報の開示及び提供が推進されるよう、情報の公開に関する法制上の措置その他の必要な措置を講ずるものとする。

（政令への委任）
第43条　この法律に定めるもののほか、この法律の実施のため必要な事項は、政令で定める。

（罰則）
第44条　第23条第8項の規定に違反して秘密を漏らした者は、1年以下の懲役又は30万円以下の罰金に処する。

附則
1　この法律は、公布の日から起算して2年を超えない範囲内において政令で定める日

から施行する。ただし、第23条第1項中両議院の同意を得ることに関する部分、第40条から第42条まで及び次項の規定は、公布の日から施行する。
2　政府は、独立行政法人及び特殊法人の保有する情報の公開に関し、この法律の公布後2年を目途として、第42条の法制上の措置を講ずるものとする。
3　政府は、この法律の施行後4年を目途として、この法律の施行の状況及び情報公開訴訟の管轄の在り方について検討を加え、その結果に基づいて必要な措置を講ずるものとする。

資料4　行政機関の保有する情報の公開に関する法律施行令（抄）

（平成 12 年 2 月 16 日政令第 41 号）

改正
　　平成 12 年 3 月 31 日政令第 166 号
　　〔教育公務員特例法施行令及び行政機関の保有する情報の公開に関する法律施行令の一部を改正する政令 2 条による改正〕
　　平成 12 年 6 月 7 日政令第 303 号
　　〔中央省庁等改革のための内閣関係政令等の整備に関する政令附則 11 条による改正〕

内閣は、行政機関の保有する情報の公開に関する法律（平成 11 年法律第 42 号）第 2 条第 1 項第 4 号及び第 5 号並びに第 2 項第 2 号、第 3 条、第 9 条第 1 項、第 13 条第 1 項及び第 2 項、第 14 条第 1 項及び第 2 項、第 16 条第 1 項及び第 3 項、第 17 条、第 37 条第 2 項並びに第 43 条の規定に基づき、この政令を制定する。

（開示請求書の記載事項）
第 5 条　開示請求書には、開示請求に係る行政文書について次に掲げる事項を記載することができる。
　一　求める開示の実施の方法
　二　事務所における開示（次号に規定する方法以外の方法による行政文書の開示をいう。以下この号、次条第 1 項第 3 号及び第 2 項第 1 号並びに第 11 条第 1 項第 3 号において同じ。）の実施を求める場合にあっては、当該事務所における開示の実施を希望する日
　三　写しの送付の方法による行政文書の開示の実施を求める場合にあっては、その旨

（法第 9 条第 1 項の政令で定める事項）
第 6 条　法第 9 条第 1 項の政令で定める事項は、次に掲げる事項とする。
　一　開示決定に係る行政文書について求めることができる開示の実施の方法
　二　前号の開示の実施の方法ごとの開示の実施に係る手数料（以下「開示実施手数料」という。）の額（第 14 条第 4 項の規定により開示実施手数料を減額し、又は免除すべき開示の実施の方法については、その旨を含む。）
　三　事務所における開示を実施することができる日、時間及び場所並びに事務所における開示を希望する場合には法第 14 条第 2 項の規定による申出をする際に当該

事務所における開示を実施することができる日のうちから事務所における開示の実施を希望する日を選択すべき旨
　　四　写しの送付の方法による行政文書の開示を実施する場合における準備に要する日数及び郵送料の額
２　開示請求書に前条各号に掲げる事項が記載されている場合における法第九条第１項の政令で定める事項は、前項の規定にかかわらず、次の各号に掲げる場合の区分に応じ、当該各号に定める事項とする。
　　一　前条第１号の方法による行政文書の開示を実施することができる場合（事務所における開示については、同条第２号の日に実施することができる場合に限る。）その旨並びに前項第１号、第３号及び第４号に掲げる事項（同条第１号の方法に係るものを除く。）並びに同項第２号に掲げる事項
　　二　前号に掲げる場合以外の場合　その旨及び前項各号に掲げる事項

（法第13条第１項の政令で定める事項）
第７条　法第13条第１項の政令で定める事項は、次に掲げる事項とする。
　　一　開示請求の年月日
　　二　開示請求に係る行政文書に記録されている当該第三者に関する情報の内容
　　三　意見書を提出する場合の提出先及び提出期限

（法第13条第２項の政令で定める事項）
第８条　法第13条第２項の政令で定める事項は、次に掲げる事項とする。
　　一　開示請求の年月日
　　二　法第13条第２項第１号又は第２号の規定の適用の区分及び当該規定を適用する理由
　　三　開示請求に係る行政文書に記録されている当該第三者に関する情報の内容
　　四　意見書を提出する場合の提出先及び提出期限

（行政文書の開示の実施の方法）
第９条　次の各号に掲げる文書又は図画の閲覧の方法は、それぞれ当該各号に定めるものを閲覧することとする。
　　一　文書又は図画（次号から第４号まで又は第４項に該当するものを除く。）当該文書又は図画（法第14条第１項ただし書の規定が適用される場合にあっては、次項第１号に定めるもの）
　　二　マイクロフィルム　当該マイクロフィルムを専用機器により映写したもの。ただし、これにより難い場合にあっては、当該マイクロフィルムを日本工業規格Ａ列１番（以下「Ａ１判」という。）以下の大きさの用紙に印刷したもの

資料4　行政機関の保有する情報の公開に関する法律施行令（抄）**167**

　　三　写真フィルム　当該写真フィルムを印画紙（縦89ミリメートル、横127ミリメートルのもの又は縦203ミリメートル、横254ミリメートルのものに限る。以下同じ。）に印画したもの
　　四　スライド（第5項に規定する場合におけるものを除く。次項第4号において同じ。）　当該スライドを専用機器により映写したもの
2　次の各号に掲げる文書又は図画の写しの交付の方法は、それぞれ当該各号に定めるものを交付することとする。
　　一　文書又は図画（次号から第4号まで又は第4項に該当するものを除く。）当該文書又は図画を複写機により日本工業規格A列3番（以下「A3判」という。）以下の大きさの用紙に複写したもの。ただし、これにより難い場合にあっては、当該文書若しくは図画を複写機によりA1判若しくは日本工業規格A列2番（以下「A2判」という。）の用紙に複写したもの又は当該文書若しくは図画を撮影した写真フィルムを印画紙に印画したもの
　　二　マイクロフィルム　当該マイクロフィルムを日本工業規格A列4番（以下「A4判」という。）の用紙に印刷したもの。ただし、これにより難い場合にあっては、A1判、A2判又はA3判の用紙に印刷したもの
　　三　写真フィルム　当該写真フィルムを印画紙に印画したもの
　　四　スライド　当該スライドを印画紙に印画したもの
3　次の各号に掲げる電磁的記録についての法第14条第1項の政令で定める方法は、それぞれ当該各号に定める方法とする。
　　一　録音テープ（第5項に規定する場合におけるものを除く。以下この号において同じ。）又は録音ディスク　次に掲げる方法
　　　イ　当該録音テープ又は録音ディスクを専用機器により再生したものの聴取
　　　ロ　当該録音テープ又は録音ディスクを録音カセットテープ（日本工業規格C5568に適合する記録時間120分のものに限る。別表第1の五の項ロにおいて同じ。）に複写したものの交付
　　二　ビデオテープ又はビデオディスク　次に掲げる方法
　　　イ　当該ビデオテープ又はビデオディスクを専用機器により再生したものの視聴
　　　ロ　当該ビデオテープ又はビデオディスクをビデオカセットテープ（日本工業規格C5581に適合する記録時間120分のものに限る。以下同じ。）に複写したものの交付
　　三　電磁的記録（前2号、次号又は次項に該当するものを除く。）次に掲げる方法であって、行政機関がその保有するプログラム（電子計算機に対する指令であって、一の結果を得ることができるように組み合わされたものをいう。次号において同じ。）により行うことができるもの
　　　イ　当該電磁的記録をA3判以下の大きさの用紙に出力したものの閲覧

ロ 当該電磁的記録を専用機器(開示を受ける者の閲覧又は視聴の用に供するために備え付けられているものに限る。別表第1の七の項ロにおいて同じ。)により再生したものの閲覧又は視聴
ハ 当該電磁的記録をＡ３判以下の大きさの用紙に出力したものの交付
ニ 当該電磁的記録をフレキシブルディスクカートリッジ(日本工業規格Ｘ6223に適合する幅90ミリメートルのものに限る。別表第1の七の項ニにおいて同じ。)に複写したものの交付
ホ 当該電磁的記録を光ディスク(日本工業規格Ｘ0606及びＸ6281に適合する直径120ミリメートルの光ディスクの再生装置で再生することが可能なものに限る。別表第1の七の項ホにおいて同じ。)に複写したものの交付
四 電磁的記録(前号ニ又はホに掲げる方法による開示の実施をすることができない特性を有するものに限る。) 次に掲げる方法であって、行政機関がその保有する処理装置及びプログラムにより行うことができるもの
イ 前号イからハまでに掲げる方法
ロ 当該電磁的記録を幅12.7ミリメートルのオープンリールテープ(日本工業規格Ｘ6103、Ｘ6104又はＸ6105に適合する長さ731.52メートルのものに限る。別表第1の七の項ヘにおいて同じ。)に複写したものの交付
ハ 当該電磁的記録を幅12.7ミリメートルの磁気テープカートリッジ(日本工業規格Ｘ6123、Ｘ6132若しくはＸ6135又は国際標準化機構及び国際電気標準会議の規格(以下「国際規格」という。)14833、15895若しくは15307に適合するものに限る。別表第1の七の項トにおいて同じ。)に複写したものの交付
ニ 当該電磁的記録を幅8ミリメートルの磁気テープカートリッジ(日本工業規格Ｘ6141若しくはＸ6142又は国際規格15757に適合するものに限る。別表第1の七の項チにおいて同じ。)に複写したものの交付
ホ 当該電磁的記録を幅3.81ミリメートルの磁気テープカートリッジ(日本工業規格Ｘ6127、Ｘ6129、Ｘ6130又はＸ6137に適合するものに限る。別表第1の七の項リにおいて同じ。)に複写したものの交付
4 映画フィルムの開示の実施の方法は、次に掲げる方法とする。
一 当該映画フィルムを専用機器により映写したものの視聴
二 当該映画フィルムをビデオカセットテープに複写したものの交付
5 スライド及び当該スライドの内容に関する音声を記録した録音テープを同時に視聴する場合における開示の実施の方法は、次に掲げる方法とする。
一 当該スライド及び当該録音テープを専用機器により再生したものの視聴
二 当該スライド及び当該録音テープをビデオカセットテープに複写したものの交付

(開示の実施の方法等の申出)
第10条　法第14条第2項の規定による申出は、書面により行わなければならない。
2　第6条第2項第1号の場合に該当する旨の法第9条第1項に規定する通知があった場合(開示実施手数料が無料である場合に限る。)において、第5条各号に掲げる事項を変更しないときは、法第14条第2項の規定による申出を改めて行うことを要しない。

(法第14条第2項の政令で定める事項)
第11条　法第14条第2項の政令で定める事項は、次に掲げる事項とする。
　一　求める開示の実施の方法(開示決定に係る行政文書の部分ごとに異なる開示の実施の方法を求める場合にあっては、その旨及び当該部分ごとの開示の実施の方法)
　二　開示決定に係る行政文書の一部について開示の実施を求める場合にあっては、その旨及び当該部分
　三　事務所における開示の実施を求める場合にあっては、当該事務所における開示の実施を希望する日
　四　写しの送付の方法による行政文書の開示の実施を求める場合にあっては、その旨
2　第6条第2項第1号の場合に該当する旨の法第9条第1項に規定する通知があった場合(開示実施手数料が無料である場合を除く。)における法第14条第2項の政令で定める事項は、前項の規定にかかわらず、行政文書の開示を受ける旨とする。

(更なる開示の申出)
第12条　法第14条第4項の規定による申出は、次に掲げる事項を記載した書面により行わなければならない。
　一　法第9条第1項に規定する通知があった日
　二　最初に開示を受けた日
　三　前条第1項各号に掲げる事項
2　前項の場合において、既に開示を受けた行政文書(その一部につき開示を受けた場合にあっては、当該部分)につきとられた開示の実施の方法と同一の方法を当該行政文書について求めることはできない。ただし、当該同一の方法を求めることにつき正当な理由があるときは、この限りでない。

(手数料の額等)
第13条　法第16条第1項の手数料の額は、次の各号に掲げる手数料の区分に応じ、それぞれ当該各号に定める額とする。

一　開示請求に係る手数料（以下「開示請求手数料」という。）　開示請求に係る行政文書1件につき300円
二　開示実施手数料　開示を受ける行政文書1件につき、別表第1の上欄に掲げる行政文書の種別（第16条第1項第5号において単に「種別」という。）ごとに、同表の中欄に掲げる開示の実施の方法に応じ、それぞれ同表の下欄に定める額（複数の実施の方法により開示を受ける場合にあっては、その合算額。以下この号及び次項において「基本額」という。）。ただし、基本額（法第14条第4項の規定により更に開示を受ける場合にあっては、当該開示を受ける場合の基本額に既に開示の実施を求めた際の基本額を加えた額）が300円に達するまでは無料とし、300円を超えるとき（同項の規定により更に開示を受ける場合であって既に開示の実施を求めた際の基本額が300円を超えるときを除く。）は当該基本額から300円を減じた額とする。
2　開示請求者が次の各号のいずれかに該当する複数の行政文書の開示請求を一の開示請求書によって行うときは、前項第1号の規定の適用については、当該複数の行政文書を1件の行政文書とみなし、かつ、当該複数の行政文書である行政文書の開示を受ける場合における同項第2号ただし書の規定の適用については、当該複数の行政文書である行政文書に係る基本額に先に開示の実施を求めた当該複数の行政文書である他の行政文書に係る基本額を順次加えた額を基本額とみなす。
　一　一の行政文書ファイル（能率的な事務又は事業の処理及び行政文書の適切な保存の目的を達成するためにまとめられた、相互に密接な関連を有する行政文書（保存期間が1年以上のものであって、当該保存期間を同じくすることが適当であるものに限る。）の集合物をいう。第16条第1項第10号において同じ。）にまとめられた複数の行政文書
　二　前号に掲げるもののほか、相互に密接な関連を有する複数の行政文書
3　開示請求手数料又は開示実施手数料は、次の各号のいずれかに掲げる場合を除いて、それぞれ開示請求書又は第10条第1項若しくは前条第1項に規定する書面に収入印紙をはって納付しなければならない。
　一　次に掲げる行政機関又は部局若しくは機関が保有する行政文書に係る開示請求手数料又は開示実施手数料を納付する場合
　　イ　郵政事業庁
　　ロ　国立大学、大学共同利用機関、大学評価・学位授与機構及び国立学校財務センター
　　ハ　社会保険庁
　　ニ　特許庁
　　ホ　イからニまでに掲げるもののほか、その長が第15条第1項の規定による委任を受けることができる部局又は機関（開示請求手数料については、当該委任を受

けた部局又は機関に限る。)であって、当該部局又は機関が保有する行政文書に係る開示請求手数料又は開示実施手数料の納付について収入印紙によることが適当でないものとして行政機関の長が官報に公示したもの
　二　行政機関又はその部局若しくは機関（前号イからホまでに掲げるものを除く。）の事務所において開示請求手数料又は開示実施手数料の納付を現金ですることが可能である旨及び当該事務所の所在地を当該行政機関の長が官報で公示した場合において、当該行政機関が保有する行政文書に係る開示請求手数料又は開示実施手数料を当該事務所において現金で納付する場合
4　行政文書の開示を受ける者は、開示実施手数料のほか郵送料を納付して、行政文書の写しの送付を求めることができる。この場合において、当該郵送料は、郵便切手で納付しなければならない。

（手数料の減免）
第14条　行政機関の長（法第17条の規定により委任を受けた職員があるときは、当該職員。以下この条において同じ。）は、行政文書の開示を受ける者が経済的困難により開示実施手数料を納付する資力がないと認めるときは、開示請求1件につき2000円を限度として、開示実施手数料を減額し、又は免除することができる。
2　前項の規定による開示実施手数料の減額又は免除を受けようとする者は、法第14条第2項又は第4項の規定による申出を行う際に、併せて当該減額又は免除を求める額及びその理由を記載した申請書を行政機関の長に提出しなければならない。
3　前項の申請書には、申請人が生活保護法（昭和25年法律第144号）第11条第1項各号に掲げる扶助を受けていることを理由とする場合にあっては当該扶助を受けていることを証明する書面を、その他の事実を理由とする場合にあっては当該事実を証明する書面を添付しなければならない。
4　第1項の規定によるもののほか、行政機関の長は、開示決定に係る行政文書を一定の開示の実施の方法により一般に周知させることが適当であると認めるときは、当該開示の実施の方法に係る開示実施手数料を減額し、又は免除することができる。

（行政文書の管理に関する定め）
第16条　法第37条第2項の行政文書の管理に関する定めは、次に掲げる要件を満たすものでなければならない。
　一　当該行政機関の事務及び事業の性質、内容等に応じた系統的な行政文書の分類の基準を定めるものであること。この場合において、当該行政文書の分類の基準については、毎年1回見直しを行い、必要と認める場合にはその改定を行うこととするものであること。
　二　当該行政機関の意思決定に当たっては文書（図画及び電磁的記録を含む。以下

この号において同じ。）を作成して行うこと並びに当該行政機関の事務及び事業の実績について文書を作成することを原則とし、次に掲げる場合についてはこの限りでないこととするものであること。ただし、イの場合においては、事後に文書を作成することとするものであること。
　　イ　当該行政機関の意思決定と同時に文書を作成することが困難である場合
　　ロ　処理に係る事案が軽微なものである場合
三　行政文書を専用の場所において適切に保存することとするものであること。
四　当該行政機関の事務及び事業の性質、内容等に応じた行政文書の保存期間の基準を定めるものであること。この場合において、当該行政文書の保存期間の基準は、別表第2の上欄に掲げる行政文書の区分に応じ、それぞれその作成又は取得の日（これらの日以後の特定の日を起算日とすることが行政文書の適切な管理に資すると行政機関の長が認める場合にあっては、当該特定の日）から起算して同表の下欄に定める期間以上の期間とすること。
五　行政文書を作成し、又は取得したときは、前号の行政文書の保存期間の基準に従い、当該行政文書について保存期間の満了する日を設定するとともに、当該行政文書を当該保存期間の満了する日までの間保存することとするものであること。この場合において、保存の必要に応じ、当該行政文書に代えて、内容を同じくする同一又は他の種別の行政文書を作成することとするものであること。
六　次に掲げる行政文書については、前号の保存期間の満了する日後においても、その区分に応じてそれぞれ次に定める期間が経過する日までの間保存期間を延長することとするものであること。この場合において、一の区分に該当する行政文書が他の区分にも該当するときは、それぞれの期間が経過する日のいずれか遅い日までの間保存することとするものであること。
　　イ　現に監査、検査等の対象になっているもの　当該監査、検査等が終了するまでの間
　　ロ　現に係属している訴訟における手続上の行為をするために必要とされるもの　当該訴訟が終結するまでの間
　　ハ　現に係属している不服申立てにおける手続上の行為をするために必要とされるもの　当該不服申立てに対する裁決又は決定の日の翌日から起算して1年間
　　ニ　開示請求があったもの　法第9条各項の決定の日の翌日から起算して1年間
七　保存期間が満了した行政文書について、職務の遂行上必要があると認めるときは、一定の期間を定めて当該保存期間を延長することとするものであること。この場合において、当該延長に係る保存期間が満了した後にこれを更に延長しようとするときも、同様とすることとするものであること。
八　保存期間（延長された場合にあっては、延長後の保存期間。次号において同じ。）が満了した行政文書については、国立公文書館法（平成11年法律第79号）

第15条第2項の規定により内閣総理大臣に移管することとするもの及び第2条第1項に規定する機関に移管することとするものを除き、廃棄することとするものであること。
九　行政文書を保存期間が満了する前に廃棄しなければならない特別の理由があるときに当該行政文書を廃棄することができることとする場合にあっては、廃棄する行政文書の名称、当該特別の理由及び廃棄した年月日を記載した記録を作成することとするものであること。
十　行政文書ファイル及び行政文書（単独で管理することが適当なものであって、保存期間が1年以上のものに限る。）の管理を適切に行うため、これらの名称その他の必要な事項（不開示情報に該当するものを除く。）を記載した帳簿を磁気ディスク（これに準ずる方法により一定の事項を確実に記録しておくことができる物を含む。）をもって調製することとするものであること。
十一　職員の中から指名する者に、その保有する行政文書の管理に関する事務の運営につき監督を行わせることとするものであること。
十二　法律及びこれに基づく命令の規定により、行政文書の分類、作成、保存、廃棄その他の行政文書の管理に関する事項について特別の定めが設けられている場合にあっては、当該事項については、当該法律及びこれに基づく命令の定めるところによることとするものであること。
2　行政機関の長は、行政文書の管理に関する定めを記載した書面及び前項第10号の帳簿を一般の閲覧に供するため、当該書面及び帳簿の閲覧所を設けるとともに、当該閲覧所の場所を官報で公示しなければならない。公示した閲覧所の場所を変更したときも、同様とする。
3　行政機関の長は、開示請求の提出先とされている機関の事務所において、第1項第10号の帳簿の全部又は一部の写しを一般の閲覧に供するよう努めるものとする。

附則
　この政令は、法の施行の日（平成13年4月1日）から施行する。

別表第1（第13条関係）

行政文書の種別	開示の実施の方法	開示実施手数料の額
一　文書又は図画（二の項から四の項まで又は八の項に該当するものを除く。）	イ　閲覧	100枚までごとにつき100円
	ロ　撮影した写真フィルムを印画紙に印画したものの閲覧	1枚につき100円に12枚までごとに750円を加えた額
	ハ　複写機により複写したものの交付	用紙1枚につき20円（A2判については60円、A1判については110円）
	ニ　撮影した写真フィルムを印画紙に印画したものの交付	1枚につき130円（縦203ミリメートル、横254ミリメートルのものについては、530円）に12枚までごとに750円を加えた額
二　マイクロフィルム	イ　用紙に印刷したものの閲覧	用紙1枚につき10円
	ロ　専用機器により映写したものの閲覧	1巻につき300円
	ハ　用紙に印刷したものの交付	用紙1枚につき70円（A3判については130円、A2判については250円、A1判については510円）
三　写真フィルム	イ　印画紙に印画したものの閲覧	1枚につき10円
	ロ　印画紙に印画したものの交付	1枚につき30円（縦203ミリメートル、横254ミリメートルのものについては、440円）
四　スライド（九の項に該当するものを除く。）	イ　専用機器により映写したものの閲覧	1巻につき400円
	ロ　印画紙に印画したものの交付	1枚につき120円（縦203ミリメートル、横254ミリメートルのものについては、1500円）
五　録音テープ（九の項に該当するものを除く。）又は録音ディスク	イ　専用機器により再生したものの聴取	1巻につき300円
	ロ　録音カセットテープに複写したものの交付	1巻につき600円
六　ビデオテープ又はビデオディスク	イ　専用機器により再生したものの視聴	1巻につき300円
	ロ　ビデオカセットテープに複写したものの交付	1巻につき700円

資料4 行政機関の保有する情報の公開に関する法律施行令（抄）

七 電磁的記録（五の項、六の項又は八の項に該当するものを除く。）	イ 用紙に出力したものの閲覧	用紙100枚までごとにつき200円
	ロ 専用機器により再生したものの閲覧又は視聴	0.5メガバイトまでごとにつき550円
	ハ 用紙に出力したものの交付	用紙1枚につき20円
	ニ フレキシブルディスクカートリッジに複写したものの交付	1枚につき80円に0.5メガバイトまでごとに220円を加えた額
	ホ 光ディスクに複写したものの交付	1枚につき200円に0.5メガバイトまでごとに220円を加えた額
	ヘ 幅12.7ミリメートルのオープンリールテープに複写したものの交付	1巻につき4000円に1メガバイトまでごとに220円を加えた額
	ト 幅12.7ミリメートルの磁気テープカートリッジに複写したものの交付	1巻につき1900円（日本工業規格X6135に適合するものについては2800円、国際規格14833、15895又は15307に適合するものについてはそれぞれ7200円、9800円又は16800円）に1メガバイトまでごとに220円を加えた額
	チ 幅8ミリメートルの磁気テープカートリッジに複写したものの交付	1巻につき1250円（日本工業規格X6142に適合するものについては2450円、国際規格15757に適合するものについては13400円）に1メガバイトまでごとに220円を加えた額
	リ 幅3.81ミリメートルの磁気テープカートリッジに複写したものの交付	1巻につき980円（日本工業規格X6129、X6130又はX6137に適合するものについてはそれぞれ2000円、4150又は6000円）に1メガバイトまでごとに220円を加えた額
八 映画フィルム	イ 専用機器により映写したものの視聴	1巻につき400円
	ロ ビデオカセットテープに複写したものの交付	3300円（16ミリメートル映画フィルムについては12300円、35ミリメートル映画フィルムについては14000円）に記録時間10分までごとに1550円（16ミリメートル映画フィル

		ムについては3650円、35ミリメートル映画フィルムについては4450円)を加えた額
九 スライド及び録音テープ(第9条第5項に規定する場合におけるものに限る。)	イ 専用機器により再生したものの視聴	1巻につき700円
	ロ ビデオカセットテープに複写したものの交付	5200円(スライド20枚を超える場合にあっては、5200円にその超える枚数1枚につき110円を加えた額)
備考　一の項ハ、二の項ハ又は七の項ハの場合において、両面印刷の用紙を用いるときは、片面を1枚として額を算定する。		

別表第2（第16条関係）

行政文書の区分		保存期間
一	イ 法律又は政令の制定、改正又は廃止その他の案件を閣議にかけるための決裁文書	30年
	ロ 特別の法律により設立され、かつ、その設立に関し行政官庁の認可を要する法人（以下「認可法人」という。）の新設又は廃止に係る意思決定を行うための決裁文書	
	ハ イ又はロに掲げるもののほか、国政上の重要な事項に係る意思決定を行うための決裁文書	
	ニ 内閣府令、省令その他の規則の制定、改正又は廃止のための決裁文書	
	ホ 行政手続法（平成5年法律第88号）第2条第3号に規定する許認可等（以下単に「許認可等」という。）をするための決裁文書であって、当該許認可等の効果が30年間存続するもの	
	ヘ 国又は行政機関を当事者とする訴訟の判決書	
	ト 国有財産法（昭和23年法律第73号）第32条に規定する台帳	
	チ 決裁文書の管理を行うための帳簿	
	リ 第16条第1項第10号の帳簿	
	ヌ 公印の制定、改正又は廃止を行うための決裁文書	
	ル イからヌまでに掲げるもののほか、行政機関の長がこれらの行政文書と同程度の保存期間が必要であると認めるもの	
二	イ 内閣府設置法第37条若しくは第54条、宮内庁法第16条第1項又は国家行政組織法第8条の機関の答申、建議又は意見が記録されたもの	10年
	ロ 行政手続法第5条第1項の審査基準、同法第12条第1項の処分基準その他の法令の解釈又は運用の基準を決定するための決裁文書	
	ハ 許認可等をするための決裁文書であって、当該許認可等の効果が10年間存続するもの（一の項ホに該当するものを除く。）	
	ニ イからハまでに掲げるもののほか、所管行政上の重要な事項に係る意思決定を行うための決裁文書（一の項に該当するものを除く。）	
	ホ 不服申立てに対する裁決又は決定その他の処分を行うための決裁文書	
	ヘ 栄典又は表彰を行うための決裁文書	
	ト イからヘまでに掲げるもののほか、行政機関の長がこれらの行政文書と同程度の保存期間が必要であると認めるもの（一の項に該当するものを除く。）	
三	イ 法律又はこれに基づく命令により作成すべきものとされる事務及び事業の基本計画書若しくは年度計画書又はこれらに基づく実績報告書	5年
	ロ 独立行政法人、特殊法人、認可法人又は民法（明治29年法律第89号）第34条の規定により設立された法人の業務の実績報告書	

	ハ 許認可等をするための決裁文書であって、当該許認可等の効果が5年間存続するもの（一の項ホ又は二の項ハに該当するものを除く。） ニ 行政手続法第2条第4号の不利益処分（その性質上、それによって課される義務の内容が軽微なものを除く。）をするための決裁文書 ホ イからニまでに掲げるもののほか、所管行政に係る意思決定を行うための決裁文書（一の項、二の項、四の項又は五の項に該当するものを除く。） ヘ 予算決算及び会計令（昭和22年勅令第165号）第22条に規定する書類又はその写し ト 取得した文書の管理を行うための帳簿又は行政文書の廃棄若しくは移管の状況が記録された帳簿（第16条第1項第9号の記録を含む。） チ イからトまでに掲げるもののほか、行政機関の長がこれらの行政文書と同程度の保存期間が必要であると認めるもの（一の項又は二の項に該当するものを除く。）	
四	イ 許認可等をするための決裁文書であって、当該許認可等の効果が3年間存続するもの（一の項ホ、二の項ハ又は三の項ハに該当するものを除く。） ロ 所管行政上の定型的な事務に係る意思決定を行うための決裁文書（五の項に該当するものを除く。） ハ 調査又は研究の結果が記録されたもの ニ ハに掲げるもののほか、所管行政に係る政策の決定又は遂行上参考とした事項が記録されたもの ホ 職員の勤務の状況が記録されたもの ヘ イからホまでに掲げるもののほか、行政機関の長がこれらの行政文書と同程度の保存期間が必要であると認めるもの（一の項から三の項までに該当するものを除く。）	3年
五	イ 許認可等をするための決裁文書（一の項ホ、二の項ハ、三の項ハ又は四の項イに該当するものを除く。） ロ 所管行政上の軽易な事項に係る意思決定を行うための決裁文書 ハ 所管行政に係る確認を行うための決裁文書（一の項から四の項までに該当するものを除く。）	1年
六	その他の行政文書	事務処理上必要な1年未満の期間

備考　決裁文書とは、行政機関の意思決定の権限を有する者が押印、署名又はこれらに類する行為を行うことにより、その内容を行政機関の意思として決定し、又は確認した行政文書をいう。

情報公開ナビゲーター ──消費者・市民のための情報公開利用の手引き──

2001年3月17日　初版第1刷発行

編者 ──── 日本弁護士連合会
　　　　　　消費者問題対策委員会
発行者 ── 平田　勝
発行 ──── 花伝社
発売 ──── 共栄書房
〒101-0065　東京都千代田区西神田2-7-6 川合ビル
電話 ──── 03-3263-3813
FAX ──── 03-3239-8272
E-mail ── kadensha@muf.biglobe.ne.jp
　　　　　 http://www1.biz.biglobe.ne.jp/~kadensha
振替 ──── 00140-6-59661
装幀 ──── 長澤俊一
印刷 ──── 中央精版印刷株式会社

©2001　日本弁護士連合会
　　　　消費者問題対策委員会
ISBN4-7634-0364-8　C0032

花伝社の本

情報公開法の手引き
― 逐条分析と立法過程 ―

三宅　弘
定価（本体 2500 円＋税）

● 「知る権利」はいかに具体化されたか？「劇薬」としての情報公開法。市民の立場から利用するための手引書。立法過程における論点と到達点、見直しの課題を逐条的に分析した労作。条例の制定・改正・解釈・運用にとっても有益な示唆に富む。

情報公開条例ハンドブック
制定・改正・運用―改正東京都条例を中心に

第二東京弁護士会
定価（本体 3200 円＋税）

● 情報公開法の制定にともなって、条例はどうあるべきか
大幅に改正された東京都情報公開条例の詳細な解説と提言。情報公開条例の創設・改正・運用にとって有益な示唆に富む労作。都道府県すべてに制定された条例や地方議会の情報公開条例などの資料を収録。

情報公開条例の研究
―適用除外事項をめぐる答申と裁判例―

第二東京弁護士会　編
定価（本体 3107 円＋税）

● 情報の公開はどこまで進んだか？
どのような情報が開示され、どのような情報が不開示とされているか。運用状況と問題点をまとめる。初の答申・裁判例集。市民、研究者、自治体関係者のための実務的手引書。

情報公開時代

坪井明典
定価（本体 1800 円＋税）

● 憲法革命としての情報公開時代
変革を迫られる報道機関、積極的な役割が期待される司法、実効ある情報公開法、この三者が一体となって、それぞれの使命を果たした時、日本で初めての真の情報公開時代に入る……。著者は毎日新聞論説委員。

開かれた政府を求めて
―米国情報自由法（FOIA）は生きている―

近畿弁護士会連合会・消費者保護委員会
大阪弁護士会・行政問題特別委員会　編
定価（本体 1359 円＋税）

● 市民生活のあらゆる分野に及ぶアメリカにおける情報公開活用の実態調査報告！　消費者運動、市民運動、行政監視、さらにはビジネスの世界にも活発に活用されている情報公開。アメリカ国民のみならず、世界中の誰もが利用できる米国情報自由法―アメリカのオープン・ガヴァメントを支えるFOIAの実態を明らかにした、興味深い調査報告。

アメリカ情報公開の現場から
―秘密主義との闘い―

日本弁護士連合会　編
定価（本体 1200 円＋税）

● アメリカ情報公開最前線！　運用の実態と実例
企業情報、外交・機密情報などの扱い、刑事弁護における活用、使い易さの工夫、情報公開が突破口となったクリントン政権不正献金疑惑の解明など、最新の情報を分かり易くまとめた興味深い調査情報。

花伝社の本

裁判所の窓から

井垣康弘・南輝雄・井上二郎
片山登志子・磯野英徳・レビン久子
定価（本体 1800 円＋税）

●国民にとって身近な司法とは？
現職裁判官と弁護士が本音で語る司法の実像。素顔の裁判官／依頼者と弁護士／裁判への市民参加／離婚調停、遺産分割、消費者被害の現場から／弁護士の役割・その素顔／アメリカにおける調停の再発見

日本の司法はどこへ行く

米沢　進
定価（本体 1800 円＋税）

●日本の司法は病んでいる！
厳しく問われている日本の司法──市民の目でとらえた司法の全体像。永年にわたって司法の現場を見続けた元共同通信論説副委員長の司法ウォッチング。序文　中坊公平

コンビニの光と影

本間重紀　編
定価（本体 2500 円＋税）

●コンビニは現代の「奴隷の契約」？
オーナーたちの悲痛な訴え。激増するコンビニ訴訟。「繁栄」の影で、今なにが起っているか……。働いても働いても儲からないシステム──共存共栄の理念はどこへ行ったか？優越的地位の濫用──契約構造の徹底分析。コンビニ改革の方向性を探る。

ダムはいらない
球磨川・川辺川の清流を守れ

川辺川利水訴訟原告団　編
川辺川利水訴訟弁護団
定価（本体 800 円＋税）

●巨大な浪費──ムダな公共事業を見直す！
ダムは本当に必要か──農民の声を聞け！立ち上がった2000名を越える農民たち。強引に進められた手続き。「水質日本一」の清流は、ダム建設でいま危機にさらされている‥‥。

この指とまれオンブズマン

窪　則光
定価（本体 1500 円＋税）

●高知オンブズマン物語
ズバリ切る！　情報公開時代に贈る、恐怖の痛快世直し物語。著者は、「市民オンブズマン高知」代表
序文　高知県知事・橋本大二郎──この有力な武器を役所のあら探しだけに使っているのではもったいない。

裁判傍聴ハンドブック

裁判ウォッチング実行委員会
定価（本体 500 円＋税）

●これであなたも裁判ウォッチャー
これは便利だ！　いま裁判が面白い。裁判は公開によって行なわれ、誰でも自由に傍聴できる。基礎知識と裁判用語をやさしく解説。裁判ウォッチングをしてみよう／民事裁判を見てみよう／刑事裁判を見てみよう／裁判用語解説／全国地方裁判所一覧

☐花伝社の本

国連子どもの権利委員会への市民NGO報告書 **"豊かな国"日本社会における子ども期の喪失** 子どもの権利条約 市民・NGO報告書をつくる会 定価（本体2500円＋税）	●「自己喪失」──危機にたつ日本の子どもたち 子どもの権利条約は生かせるか。政府報告書に対する草の根からの実態報告と提言。 市民・NGOがまとめた子どもたちの本当の姿。情報の宝庫、資料の集大成、子ども問題解決の処方箋。この報告書なくして子ども問題は語れない！
国連・子どもの権利委員会最終所見の実現を **子ども期の回復** ──子どもの"ことば"をうばわない関係を求めて── 子どもの権利を守る国連NGO・DCI日本支部 編 定価（本体2095円＋税）	●子どもの最善の利益とはなにか 自分の存在をありのままに受け入れてもらえる居場所を喪失した日本の子どもたち。「豊かな国」日本で、なぜ、学級崩壊、いじめ、登校拒否などのさまざまな現象が生じているか。先進国日本における子ども問題を解くカギは？ 子ども期の喪失から回復へ。
主権を市民に ──憲法とともに歩む── 大阪弁護士会 編 定価（本体1500円＋税）	●憲法50周年記念出版 私たちが主役です！ 21世紀は市民主権の時代。大阪発──憲法を活かそう！ 情報公開・市民運動・オンブズマン活動／地方自治の現状と今未来／大阪発・憲法訴訟／違憲審査制度の現在と未来
報道被害対策マニュアル ──鍛えあう報道と人権── 東京弁護士会 人権擁護委員会 定価（本体1650円＋税）	●泣き寝入りは、もうやめよう！ 激突する報道と人権。報道のあり方はこれでよいのか？ 人権侵害を予防し、報道被害を回復する具体的方策。松本サリン事件・坂本ビデオ事件から何を学ぶか──白熱の討論。
親子で学ぶ人権スクール －人権ってなんだろう－ 九州弁護士会連合会 福岡県弁護士会 定価（本体1500円＋税）	●人権の世紀に親子で楽しく学ぶ 自分がされたくないことは、ひとにもしない。自分がしてもらいたいことはひとにもしてあげる──。おもしろ学校、人権クイズ、夫婦別姓で中学生が白熱のディベート、小田実氏・講演…日本は「非常識」ヨーロッパ人権の旅……。
ＮＰＯ法人の税務 赤塚和俊 定価（本体2000円＋税）	●ＮＰＯ法人に関する税制を包括的に解説 ＮＰＯ時代のすぐ役に立つ税の基礎知識。ＮＰＯ法人制度の健全な発展と、税の優遇措置など税制の改正に向けての市民の側からの提言。海外のＮＰＯ税制も紹介。著者は、公認会計士、全国市民オンブズマン連絡会議代表幹事。